지방자치란 무엇인가?
What is Local Autonomy?

도서출판 윤성사 036
지방자치란 무엇인가?

초판 1쇄   2019년 4월 25일

지 은 이   정일섭
펴 낸 이   정재훈
디 자 인   (주)디자인뜰

펴 낸 곳   도서출판 윤성사
주   소   서울특별시 서대문구 서소문로27, 충정리시온 409호
전   화   편집부_02)313-3814 / 영업부_02)313-3813 / 팩스_02)313-3812
전자우편   yspublish@daum.net
등   록   2017. 1. 23

ISBN 979-11-88836-26-0 (03350)
값 12,000원

ⓒ 정일섭, 2019

이 책의 전부 또는 일부 내용을 재사용하려면 반드시 사전에 저작권자와
도서출판 윤성사의 동의를 받아야 합니다.

잘못 만들어진 책은 구입하신 서점에서 교환 가능합니다.

이 도서의 국립중앙도서관 출판예정도서목록(CIP)은 서지정보유통지원시스템 홈페이지
(http://seoji.nl.go.kr)와 국가자료종합목록시스템(http://www.nl.go.kr/kolisnet)에서
이용하실 수 있습니다. (CIP제어번호 : CIP2019013557)

"이 저서는 2018학년도 인하대학교의 지원에 의하여 연구되었음."

지방자치란 무엇인가?

정일섭

머리말

1991년 지방자치가 부활됐으니 어느새 30년이 가까워 온다. 그간의 지방자치법과 관련법의 변화를 보면 2004년 1월 주민투표법이 제정된 것을 시작으로 주민조례 제정·개폐청구, 주민감사청구 및 주민소환제도 등 주민직접참정제도가 확대된 것이 커다란 특징이다. 그럼에도 불구하고 아직도 아쉬운 것은 주민의 자발적 참여의 부족이다. 지방자치의 주체는 주민이다. 따라서 주민의 자발적 참여 없이는 지방자치가 성공할 수 없다. 지방자치가 주민의 삶의 질을 향상시키고 지역 발전에 기여하기 위해서는 자치의 주체인 주민의 적극적 참여가 요구된다.

지방자치의 발전을 위한 과제로 중앙 권한의 획기적인 지방 이양이나 재정분권의 강력한 추진 등을 들고 있다. 이러한 과제의 해결도 쉬운 일은 아니지만 해결된다 해도 주민의 자발적 참여 없이는 큰 성과를 거두기 어렵다.

주민 참여를 활성화하기 위한 노력으로 2013년 「지방분권 및 지방행정체제 개편에 관한 특별법」에 의해 주민자치회제도가 도입됐다. 이에 따라 2014년 31개 읍면동에서 시범 실시하고 전면 확대할 예정이었으나, 2018년 현재 시범 실시 지역만 95개 읍면동으로 확대됐을 뿐이다. 전면적으로 확대되지 못한 가장 큰 이유는 주민들의 자발적 참여의 부족이다. 주민들이 중심이 돼 지역의 문제를 자발적으로 직접 해결할 수 있어야 하지만 주민들의 참여도 부족하고 대표성도 취약하기 때문이다. 이러한 현실을 보면 선진국이냐의 여부는 경제적 발전 수준보다는 오히려 공동체에 애정을 갖고, 공동체의 문제 해결에 자발적으로 나서는 공동체 의식의 수준에 의해 결정되는 것이란 생각이 든다.

지방자치에 대한 책을 이미 출간했음에도 불구하고 이 책을 내는 이유는 지방자치에 대한 지식의 대중화에 기여하기 위해서다. 그러한 목적으로 복잡한 내용은 좀 더 단순하고 쉽게 설명하고자 노력했다. 많은 사람이 지방자치에 대해 알게 되면 지방자치에 대한 자발적 참여가 활성화될 수 있지 않을까 하는 바람으로 이 책을 낸다. 아무쪼록 이 책이 지방자치에 대한 주민들의 이해를 높이고, 참여를 활성화해서 지방자치의 발전에 조금이나마 기여하게 되길 바란다.

2019년 3월

정 일 섭

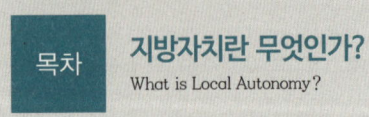

지방자치란 무엇인가?
What is Local Autonomy?

- 머리말 / 4

1. 지방자치의 의미는 무엇인가?　　　　　　　　　　　9
2. 지방자치는 왜 필요한가?　　　　　　　　　　　　　11
3. 지방자치의 3요소는 무엇인가?　　　　　　　　　　15
4. 지방자치의 실시에 따라 나타나는 긍정적인 면은 무엇이고,
   부정적인 면은 무엇인가?　　　　　　　　　　　　　17
5. 우리나라 지방자치의 역사는 어떠한가?　　　　　　23
6. 지방자치의 주체는 누구인가?　　　　　　　　　　　31
7. 자치권은 무엇인가?　　　　　　　　　　　　　　　35
8. 지방자치단체란 무엇인가?　　　　　　　　　　　　39
9. 지방자치단체는 어떤 형태가 있는가?　　　　　　　43
10. 지방자치의 계층은 어떻게 구성되는가?　　　　　　47
11. 지방자치의 지역적 범위(구역)는 어떻게 구성되는가?　53

12. 지방자치단체는 어떤 일을 하는가?   57

13. 자치사무와 위임사무는 무엇인가?   63

14. 지방자치단체의 사무배분에는 어떠한 예외가 있는가?   77

15. 주민직접참여제도는 어떤 것이 있는가?   85

16. 주민자치회란 무엇인가?   97

17. 지방자치단체 상호간의 협력은 어떻게 이뤄지는가?   111

18. 지방자치단체 간의 분쟁은 어떻게 해결되는가?   119

19. 국가와 지방자치단체 간에는 어떤 관계가 있는가?   125

20. 국가와 지방자치단체 간의 분쟁은 어떻게 해결하는가?   133

21. 지방재정이란 무엇인가?   135

22. 지방재정자립도란 무엇인가?   139

23. 지방세란 무엇인가?   143

24. 지방자치단체의 세외수입은 어떤 것이 있는가?   153

25. 지방재정조정제도는 무엇인가?   157

26. 중앙정부는 지방자치단체를 재정적으로 어떻게 지원하는가?   161

27. 광역자치단체는 기초자치단체를 재정적으로 어떻게 지원하는가?   175

28. 지방채는 무엇인가?   181

- 참고 문헌 / 187
- 찾아보기 / 193

WHAT
IS
LOCAL
AUTONOMY?

-
-
-

지방자치란 무엇인가?

What is Local Autonomy?

지방자치의 의미는 무엇인가?

지방자치(地方自治)란 지방과 자치라는 두 단어가 결합된 것이다. 즉, 지방에서 이뤄지는 자치란 의미다. 여기서 지방(地方)은 국가의 한 부분인 지역을 의미하는 것이고, 자치(自治)란 스스로 '自'에 다스릴 '治'다. 따라서 "지방자치란 지방(국가의 한 부분)이 자신의 문제를 스스로 처리(판단하고, 결정하고, 책임지는)하는 것"을 의미한다.

자치가 이뤄질 수 있는 것은 국민 주권이 인정되기 때문이다. 국민이 국가의 최고 권력인 주권을 가지고 있기 때문에 국가의 모든 사항을 국민이 처리할 수 있는 것이다. 미국의 16대 대통령 링컨(Abraham Lincoln)이 게티즈버그(Gettysburg)에서 한 연설 중 '국민에 의한(by the people)'의 의미가 바로 국민자치를 의미하는 것이고, 이러한 자치가 지방에서 실현되는 것이 바로 지방자치다.

지방자치의 개념은 매우 다양한데, 그 이유는 각국이 자기 나라에서 발전한 자치 형태에 대응한 자치의 개념을 구성하기 때문이다. 지방자치의 개념을 좀 더 구체적으로 정리해 보면 다음과 같다.

지방자치란

1) 주체 – 주민이
2) 목적 – 지역의 발전과 주민의 복리 증진을 위해
3) 재원 – 지방재정에 의해
4) 대상 – 주민들의 일상생활과 밀접하게 관련된 지역적 사무를
5) 방법 – 주민 스스로 또는 대표자의 선출을 통해 자주적으로 처리하고, 그 결과에 대해 책임을 지는 제도다.

What is Local Autonomy?

지방자치는 왜 필요한가?

지방자치는 지방에서 이뤄지는 자치를 의미한다. 즉, 자치의 공간적 토대가 지방이란 의미다. 국민 주권이 전제된 민주국가에서는 국가 전체의 단위에서도 자치가 이뤄진다. 국가의 구성원인 국민은 국민의 대표인 국회의원을 선출하고 이들이 모여 입법부를 구성한다. 입법부는 이름 그대로 법률을 만들고 예산안을 심의 의결한다. 아울러 국민대표기관으로서 행정부에 대한 감시와 견제를 한다. 행정부는 국회에서 만들어진 법률과 예산을 집행한다. 사법부는 국회에서 만들어진 법률을 기초로 위법성 여부에 대한 판단을 한다. 이같이 국가의 모든 것이 주권자인 국민의 의사에 의해서 이뤄지는 것이다.

여기서 제기되는 의문은 "국가 전체의 단위에서 자치가 이뤄진다면 굳이 국가의 한 부분인 지방에서까지 자치를 할 필요가 있느냐?" 하는 것이다. 이는 바로 지방자치의 필요성에 대한 의문이다. 이에 대한 답은 다양하게 제기될 수 있지만 다음과 같이 간략히 정리할 수 있다.

1) 민주성

민주성은 구성원의 의견을 존중하고 반영하는 정도를 말한다고 할 수 있다. 의사 결정의 단위가 크면 클수록 구성원의 다양한 의견을 존중하기 어렵다. 하지만 의사 결정의 단위가 작아지면 작아질수록 구성원의 의견을 존중하고 반영하기가 용이해진다. 이런 면에서 국가의 한 부분인 지방 단위에서 이뤄지는 지방자치를 통해 주민의 의견이 좀 더 존중되고 반영하는 것이 용이해진다.

2) 경제성

규모의 경제라는 측면에서 보면, 최소의 비용으로 재화나 서비스를 공급할 수 있는 최적 규모가 있을 수 있다. 이같이 공공서비스의 경우에도 공급 규모에 따라 최소의 비용으로 공급할 수 있는 서비스가 있을 수 있는 것이다. 즉, 국가가 하는 것보다 지방자치단체가 할 때 비용이 적게 들 수 있는 공공서비스가 있을 수 있다. 같은 논리로 광역자치단체 단위에서 공급하는 것이 비용이 최소화될 수 있는 공공서비스가 있는가 하면, 기초자치단체 단위에서 공급하는 것이 비용이 최소화될 수 있는 공공서비스도 있는 것이다. 이같이 자치단체별로 그에 맞는 공공서비스를 공급한다면 비용을 최소화할 수 있다.

3) 효과성

효과성은 일반적으로 목표달성도를 의미한다. 공공서비스의 경우에는 국가가 잘할 수 있는 것이 있는가 하면 지방이 더 잘할 수 있는 것도 있다. 국방이나 외교는 국가가 더 잘할 수 있는 일인가 하면 주민의 일상생활과 밀접한 대중교통 업무는 지방이 더 잘할 수 있는 일이라 할 수 있다. 시민들이 이용하기 가장 편리한 시내버스 노선은 시민들이 가장 잘 알 수 있는 일이기 때문이다. 이같이 지방이 더 잘할 수 있는 일은 지방이 하는 것이 바람직하다.

민주성, 경제성, 효과성은 지방자치의 필요성이기도 하지만 동시에 어떤 일을 지방에서 하는 것이 바람직한가에 대한 판단 기준이 될 수도 있다.

What is Local Autonomy?

지방자치의 3요소는 무엇인가?

국가를 구성하는 3요소가 영토와 주권과 국민이듯이 지방자치의 3요소도 [그림 3-1]과 같이 지방의 차원에서 영토에 대응하는 구역, 주권에 대응하는 자치권, 국민에 대응하는 주민이다.

| 지방자치의 3요소 ▶ | 구역 – 영토
자치권 – 주권
주민 – 국민 | ◀ 국가의 3요소 |

[그림 3-1] 지방자치의 3요소

*「**지방자치법**」**제12조**(주민의 자격)

　지방자치단체의 구역 안에 주소를 가진 자는 그 지방자치단체의 주민이 된다.

What is Local Autonomy?

지방자치의 실시에 따라 나타나는 긍정적인 면은 무엇이고, 부정적인 면은 무엇인가?

지방자치는 주민이 지역의 발전과 복리 증진을 위해 지역에서 조달한 재원을 통해 일상생활과 밀접하게 관련된 지역적 사무를 스스로 또는 대표자의 선출을 통해 자주적으로 처리하고, 그 결과에 대해 책임을 지는 제도다. 특히 지방자치는 일정한 지역을 단위로 차별화돼 나타난다는 의미가 있다.

지방자치의 실시는 그 자체만으로 지역의 발전과 복리 증진을 보장하는 것은 아니고 가능성이 주어질 뿐이다. 따라서 지방자치의 실시는 긍정적 측면과 부정적 측면의 두 가지 가능성이 다 있다. 지방자치의 실시로 지역의 발전과 복리 증진이 실현될 수도 있고, 경우에 따라서는 지방자치의 실시 이전보다 못할 수도 있는 것이다. 특히 자치의 주체인 주민의 역할이 중요하다. 주민이 자신과 관련된 일상적 문제에 적극적 관심을 갖고 지방자치에 참여하면 긍정적 효과가 많이 나타날 수 있지만, 주체로서의 역할과 책임을 소홀히 한다면 지방자치의 실시 이전보다 못할 수도 있다.

＊서울시의 새 인사제도 발표

이날 발표된 새 제도는 기존 공무원 조직에서는 찾아보기 힘든 파격적인 내용들이 담겨 있다. 우선 전국 지방자치단체 중 처음으로 직원들이 승진과 전보 심사 기준을 직접 결정한다. 이를 위해 행정·기술·기능 분야별 5급 이하 실무직원 20여 명으로 구성된 승진 심사 및 전보 기준 선정위원회가 구성된다. 결정된 기준은 내부망을 통해 사전에 공개된다.

실·국장들이 데리고 일할 직원을 고르도록 했던 기존의 '드래프트제'도 전면 폐지된다. 대신 개인들의 희망이 우선 반영돼 전보 인사가 이뤄진다. 이를 위해 희망자가 몰리는 일부 부서에 대해서는 연속 근무를 제한하고 기피 부서는 직위공모제를 통해 필요 인력을 공개 모집하기로 했다. 이창학 행정국장은 "인사·감사 파트나 시립대·인재개발원처럼 선호 부서에 대해서는 골고루 기회를 줄 방침"이라면서 "기피 부서 희망자에게는 인센티브를 제공하겠다"고 설명했다. 오 전 시장의 대표적인 인사 정책이었던 성과 포인트는 대폭 축소된다(중앙일보, 2012.01.12).

＊백인 동네에 흑인 이사 못 오게… 미국 '교묘한 차별'

　지방자치가 철저한 미국에서는 각 동네별로 토지 이용 규정을 결정할 수 있게 돼 있다. 대표적인 게 '최소 대지 제한 규정(large lot requirement)'이다. 쾌적한 환경 유지를 명분으로 신규 주택 건축 시 적어도 얼마 크기 이상의 땅이어야 한다는 규정을 만들어 놨다. 이 최소 면적을 크게 잡으면 사실상 싼 집은 지을 수 없게 되는 것이다. 이런 눈에 보이지 않는 보호막 때문에 빈민들의 접근이 불가능한 대표적인 곳이 캘리포니아 실리콘밸리 지역이다. 실리콘밸리 한복판에 위치한 애서튼(Arherton)의 경우 집을 지을 수 있는 최소 면적이 1에이커(4,100여㎡)로 돼 있다.

　거주 분리의 최대 문제점은 빈곤의 악순환을 부른다는 점이다. 미국의 공립 초중고는 지방자치단체에서 주민들로부터 거둔 세금으로 운영되는 게 일반적이다. 부자 동네일수록 집값이 비싸 자연히 부동산세 수입도 많아진다. 이처럼 풍

족한 자금으로 운영되는 학교일수록 명문이 된다. 시설은 물론, 많은 월급을 주고 유능한 교사들을 스카우트한다(중앙일보, 2014.09.01).

*일단 뿌리고 보자 … '현금복지 중독'

전국 지방자치단체가 경쟁적으로 비슷비슷한 현금성 복지 제도(이하 현금복지)를 남발하고 있다. 2016년 성남시가 소득 수준에 관계없이 3년 이상 관내 거주한 만 24세 주민에게 연간 100만 원어치 지역 상품권을 주는 '청년배당'을 도입하며 불을 지핀 뒤 확산하는 추세다. 지급 방식은 현금이나 지역 상품권, 체크카드 등 자치단체별로 조금씩 다르지만 공통점은 주민 혈세가 밑천이라는 점이다. 지난해 전국동시지방선거에서는 주요 후보들이 각종 선심성 현금복지를 공약으로 내걸었다. 지난해 당선된 일부 단체장이 실제 '주민들에게 공약한 걸 지키겠다'며 앞다퉈 현금복지 제도를 도입하고 있다. 지방선거 입후보자들의 선심성 표심 경쟁에 주민 혈세가 악용되는 악순환이 4년마다 반복되면서 지방재정 건전성을 빠르게 악화시킬 것이라는 지적이 나온다(조선일보, 2019.02.03).

*지방자치단체별 출산 지원 정책

결혼·임신		
	부산	도시 철도에 임산부 다가서면 양보 불빛 번쩍이는 '핑크라이트' 사업
	강원 양양	외국인 여성과 결혼한 만 35세 이상에 300만 원
	전남 영광	정관·난관 복원 수술비 최대 100만 원 지원
	경남 김해	태아 기형아 검사 본인 부담금 지원
	전남 보성	임산부는 음식점에서 요금 10% 할인
	울산 남구	만 44세 이하 기혼 난임 여성에게 한방 진료비

출산·육아		
	서울	올 7월 이후 신생아에게 10만 원 상당 육아용품 선물
	강원 삼척	공공 산후조리원 이용료 지급
	전남 광양	첫째아이 태어나면 500만 원 분할 지급, 넷째아이에겐 2,000만 원
	광주	장난감 대여(1회 1점 2주), 블록방 운영
	경남 진주	장난감·책 무료로 빌려 주는 '장난감은행'
	제주	산후조리용 한약 복용 시 최대 10만 원 할인
	전북 완주	2017년 출산 가정에 티머니 택시 카드 10만 원

자료: 보건복지부.
(조선일보, 2018.06.28).

What is Local Autonomy?

우리나라 지방자치의 역사는 어떠한가?

1) 초창기 (1949 ~1961)

한국의 지방자치는 1949년 7월 4일 「지방자치법」이 공포되면서 시작됐다. 처음 제정된 「지방자치법」은 부칙 제1조의 규정에 따라 1949년 8월 15일부터 실시하도록 돼 있었으나, 정부 수립 이후 행정 체제의 미비와 치안 상태의 불안정을 이유로 지방의회 의원선거는 무기한 연기됐다. 「지방자치법」이 제정된 후에도 이승만 정부는 치안 상태의 불안을 이유로 지방선거를 실시하지 않았기 때문이다. 그런데 이승만 정부는 1952년 전쟁의 와중에 피난지인 임시수도 부산에서 지방선거의 실시를 선언했다. 그 이유는 국회의 간선으로 대통령이 된 이승만이 2대 대통령선거를 앞두고 국회와의 관계에 비춰 간선제를 통해서는 재집권이 불가능했고, 직선제 개헌도 불가능했기 때문에 직선제 개헌을 추진할 원외 세력이 필요했기 때문이다(손봉숙, 1991: 75).

1952년 4월 25일에 제1대 시·읍·면의회 의원선거가 실시됐고, 1952년 5월 10일에는 서울특별시와 경기도, 강원도, 전라북도 일부 지역(남원, 완주, 순창, 정읍)을 제외한 7개 도에서 도의원선거가 실시됐다. 1956년 2월 13일에는「지방자치법」이 개정돼 지방의회에서 무기명 투표로 선출하던 단체장을 당해 시·읍·면의 선거권자가 선출하도록 했다.

1956년 8월 8일 제2대 시·읍·면의회 의원선거 및 제1대 시·읍·면장선거가, 같은 해 8월 13일 제2대 도의원선거 및 제1대 서울특별시 의원선거가 실시됐다(정세욱, 2001: 97).

여당인 자유당은 1958년 12월 24일 장기 집권을 위한 정치적 의도로 시·읍·면장 직선제를 임명제로 바꾸는 내용을 주요 골자로 하는「지방자치법」개정안을 소위 2·4파동을 겪으면서 가결해 직선제는 채택된 지 2년 반 만에 폐지되고 말았다. 그러나 이 개정법에 의한 지방선거는 선거를 5개월 앞두고 일어난 4·19혁명으로 인해 실시되지 못했다(한국지방행정연구원, 1999: 52-53).

「지방자치법」은 제2공화국 출범에 따라 1960년 11월 1일 다시 개정 공포됐다(한국지방행정연구원, 1999: 53-54). 개정된「지방자치법」은 선거권자 연령을 만 21세에서 20세로, 피선거권자의 연령은 지방의원 및 시·읍·면장은 만 25세 이상, 도지사·서울특별시장은 만 30세 이상으로 조정했다. 지방자치단체장의 선출 방법을 다시 임명제에서 직선제로 개정하고 임기를 4년으로 규정했다.

2) 정지기(1961~1991)

1961년 5·16 군사 쿠데타가 발발한 당일 군사혁명위원회는 포고 제4호로 전국의 지방의회를 해산시켰다. 1961년 5월 22일 국가재건최고회의는 포고 제8호로 읍·면은 군수의, 시는 도지사의, 서울특별시와 도는 내무부 장관의 승인을 얻어 집행하도록 했다.

1961년 6월 6일에는 국가재건최고회의령 제42호와 「국가재건비상조치법」 제20조에 따라 도지사, 서울특별시장 및 인구 15만 이상 시장은 국가재건최고회의의 승인을 얻어 내각이 임명하고, 기타 지방자치단체장은 도지사가 임명하도록 했다.

1961년 9월 1일 제정된 「지방자치에 관한 임시조치법」에 따라 기초자치단체는 종래의 읍·면 자치에서 군자치제(郡自治制)로 전환했고, 읍·면은 군의 하급행정기관으로 하며, 지방자치단체장은 국가공무원으로 임명했다. 지방의회의 의결 사항에 대해 당해 도와 서울특별시는 내무부 장관의, 시와 군에서는 도지사의 승인을 얻어 집행하도록 했으며, 지방자치단체장을 임명제로 하고 국가공무원으로 충원했다.

제3공화국 「헌법」에서는 「헌법」 부칙 제7조 ③에 "이 헌법에 의한 최초의 지방의회의 구성 시기에 관하여는 법률로 정한다."고 규정했으나 지방의회의 구성 시기에 관한 법이 제정되지 않아 지방의회는 구성되지 못했다.

1972년 12월 27일 개정된 제4공화국 「헌법」은 부칙 제10조에 "이 헌법에 의한 지방의회는 조국 통일이 이루어질 때까지 구성하지 아니한다."고 규정해 지방자치의 시행은 제3공화국 「헌법」 부칙의 규정보다 더욱 불확실하게 됐다.

제5공화국 「헌법」은 지방자치의 시행 시기에 대해 「헌법」 부칙 10조에 "이 헌법에 의한 지방의회는 지방자치단체의 재정자립도를 감안하여 순차적으로 구성하되, 그 구성 시기는 법률로 정한다."고 규정했다.

1988년 2월 출범한 제6공화국에서 1988년 4월 6일 전문 개정된 「지방자치법」이 공포됐는데, 주요 내용은 지방자치단체를 광역자치단체(특별시·광역시·도)와 기초자치단체(시·군 및 자치구)의 2종으로 대별했다. 특히 특별시와 직할시의 구를 자치단체의 종류에 포함시켰다.

그 후 1990년 12월 정기 국회에서 여·야 간 극적인 타협에 따라 「지방자치법」 개정법률안이 국회에서 통과됐다. 주요 내용은 지방의회 의원선거는 1991년 6월 30일 이내, 지방자치단체장선거는 1992년 6월 30일 이내에 실시하도록 규정했다.

3) 부활기(1991~)

1991년에는 5·16 군사 쿠데타에 의해 지방자치가 중단된 지 30년 만에 지방자치가 부활돼 기초의원선거(1991. 3. 26)와 광역의원선거

(1991. 6. 20)가 실시됐다. 1991년의 지방선거는 30여년 간의 지방자치 공백기를 보낸 후 제9차 개정 「지방자치법」과 「지방의회의원선거법」에 근거해 실시된 선거로서 1991년 3월 26일 260개 시·군·자치구에서 기초의회 의원선거를 실시했고, 같은 해 6월 20일 5개 직할시와 9개 도에서 광역의회 의원선거가 실시됐다.

1994년 3월 16일 개정된 「지방자치법」은 도농 통합 형태의 시 설치 근거를 마련하고 도시화된 지역에는 동, 기타 지역에는 읍·면을 두도록 했다. 아울러 지방자치단체의 폐치·분합·주민에게 과도한 부담을 주거나 중요한 영향을 미치는 사안에 대한 주민투표 제도를 도입했다.

1994년 12월 20일의 「지방자치법」 개정은 지방자치 시대를 맞이해 직할시의 명칭을 광역시로 변경하고, 광역시의 관할구역 안에 자치구 외에 군의 설치를 허용하고, 통합시의 구에 동(洞) 외에 읍·면의 설치를 허용했으며, 지방자치단체장의 계속 재임을 3기로 제한했다.

1995년 6월 27일 실시된 제1회 동시지방선거는 지방의원 및 자치단체장 선거를 동시에 실시했고, 투표율은 약 68.4%로 대체로 낮게 나타났다. 1998년 6월 4일 실시된 제2회 동시지방선거의 투표율은 52.7%로 제1회 동시지방선거보다 더 낮아졌다.

1999년 8월 31일의 「지방자치법」 개정에서는 20세 이상의 지방자치단체의 주민은 주민 총수의 20분의 1의 범위 안에서 대통령령이 정하는 주민 수 이상의 연서로 당해 지방자치단체장에게 조례 제정 및 개폐를 청구할 수 있도록 했다(지방자치법 제13조의 3). 또한 20세 이상 지방자치단체 주민은 주민 총수의 50분의 1의 범위 안에서 조례가 정하는 주민 수 이상의 연서로 당해 지방자치단체와 그 장의 권한에 속하는 사무의 처리가 법령에 위반되거나 공익을 현저히 해한다고 인정되는 경우에는 감사를 청구할 수 있도록 했다(지방자치법 제13조의 4).

    2002년 6월 13일 치러진 제3회 동시지방선거의 투표율은 48.8%를 기록해 제2회 동시지방선거(52.7%)보다 더 낮게 나타났다.

    주민투표란 지방자치단체의 중요 사항에 대해 주민이 직접 결정할 수 있는 제도로서 1994년 「지방자치법」 개정에서 도입됐다. 그러나 주민투표 실시를 위한 구체적 내용을 담은 법이 제정되지 않아서 주민투표가 실질적으로 시행될 수 없었다. 그러다 2003년 12월 29일 국회에서 「주민투표법」이 의결됐고, 2004년 1월 29일부터 시행됐다.

    2005년 1월 27일의 「지방자치법」 개정은 주민의 직접 참여에 의해 지방행정의 공정성과 투명성을 강화할 목적으로 주민소송 제도를 도입했다. 2005년 8월 4일의 「지방자치법」 개정에서는 지방의원에게 매월 일정액의 수당을 지급해 전문성을 가지고 의정 활동에 전념할 수 있는 기틀을 마련하기 위해 회기 중의 활동을 지원하기 위한 회기수당을 지방의회 의원의 직무 활동에 대해 지급하는 월정수당으로 전환했다.

    2005년 8월 4일의 「공직선거법」 개정은 선거권 연령을 19세로 하향 조정하고, 출입국관리 법령에 따라 영주(永住)의 체류 자격 취득일 후 3년이 경과한 19세 이상의 외국인에게 체류지역의 지방자치단체 선거의 선거권을 부여했다. 또한 정당은 기초의원에 대해서도 소속 당원을 후보자로 추천할 수 있게 했다.

2006년 1월 11일의 「지방자치법」 개정은 고도의 자치권을 부여해 실질적인 지방자치를 실현하기 위해 제주도를 폐지하고, '제주특별자치도'를 설치할 수 있도록 지방자치단체의 종류에 특별자치도를 신설했다.

2006년 5월 31일 실시된 제4회 동시 지방선거는 2003년 출범한 참여정부에 대한 중간평가적 성격이 나타난 선거로 투표율은 51.6%를 기록해 제3회(48.8%) 동시지방선거보다 2.8% 상승했다. 2010년 6월 2일 실시된 제5회 동시지방선거는 2008년 출범한 이명박 정부에 대한 중간평가적 성격이 나타난 선거로 투표율은 54.5%로 제4회 동시지방선거의 51.6%보다 2.9% 높게 나타났다.

2011년 5월 30일의 「지방자치법」 개정에서는 정부의 직할로 설치하는 광역지방자치단체의 종류에 '특별자치시'를 추가해서 "세종특별자치시'가 탄생했다. 2014년 6월 4일 실시된 제6회 동시지방선거는 투표율이 56.8%로 제5회 지방선거의 투표율 54.5%보다 2.3% 높게 나타났다. 2018년 6월 13일 실시된 제7회 전국동시지방선거는 투표율이 60.2%로 제6회 지방선거의 투표율보다 3.4% 높게 나타났다.

MEMO

6

What is Local Autonomy?

지방자치의 주체는 누구인가?

1) 국민과 주민

국민은 대한민국 국적을 가진 자를 말한다. 그러나 지방자치의 주체인 주민은 대한민국 국적 보유를 조건으로 하고 있지 않다. 「지방자치법」 제12조(주민의 자격)에 "지방자치단체의 구역 안에 주소를 가진 자는 그 지방자치단체의 주민이 된다."고 규정하고 있기 때문이다. 즉, 외국인도 주민이 될 수 있는 것이다.

같은 법 제13조(주민의 권리) ②에서는 "국민인 주민은 법령으로 정하는 바에 따라 그 지방자치단체에서 실시하는 지방의회 의원과 지방자치단체의 장의 선거(이하 "지방선거"라 한다)에 참여할 권리를 가진다."고 규정함으로써 대한민국 국적을 가진 주민에 한해서 지방선거권을 부여하고 있는 듯 보인다.

2) 외국인의 선거권

하지만 「공직선거법」 제15조(선거권) ②에서는 "19세 이상으로서 제37조 제1항에 따른 선거인명부 작성기준일 현재 다음 각 호의 어느 하나에 해당하는 사람은 그 구역에서 선거하는 지방자치단체의 의회의원 및 장의 선거권이 있다."〈개정 2009.2.12, 2011.11.7, 2014.1.17., 2015.8.13.〉고 규정하고, 3호에서는 "「출입국관리법」 제10조(체류 자격)에 따른 영주의 체류 자격 취득일 후 3년이 경과한 외국인으로서 같은 법 제34조(외국인등록표 등의 작성 및 관리)에 따라 해당 지방자치단체의 외국인등록대장에 올라 있는 사람"으로 규정해 외국인인 주민도 지방의회 의원 및 자치단체장에 대한 선거권이 있다.

* 외국인의 지방선거권

[6·13 팩트 체크] 한국 거주 외국인, 지방선거 투표할 수 있다? 없다?

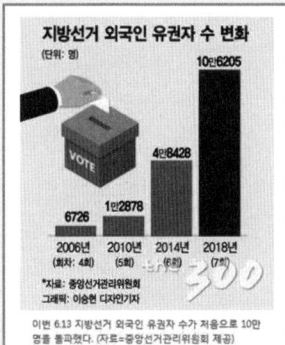
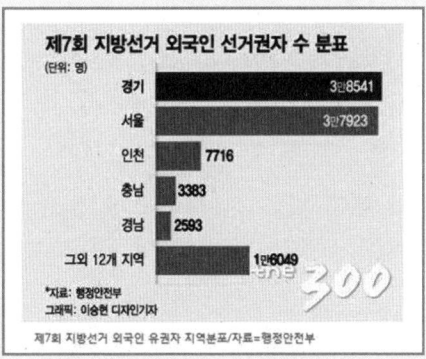

(머니투데이, 2018.06.08).

* 일본 「지방자치법」

제11조 일본 국민인 보통지방공공단체의 주민은 이 법률이 정하는 바에 따라 그가 속하는 보통지방공공단체의 선거에 참여할 권리를 가진다.

MEMO

What is Local Autonomy?

자치권은 무엇인가?

 자치권이란 지방자치단체가 소관 사무를 자율적으로 처리할 수 있는 포괄적 권리와 능력을 말한다. 자치권은 지방자치의 3요소(구역, 자치권, 주민) 중 하나로서, 자치권의 근거에 대해서는 국가로부터 주어진 것이라는 전래설, 원래부터 지방의 고유한 권리라는 고유권설 및 헌법에 의해 제도적으로 보장되고 있는 권리라는 제도적 보장설이 있다. 제도적 보장설은 슈미트(Carl Schmitt)에 의해 확립됐는데 전래권설과 유사하지만 역사적·전통적으로 확립된 일정한 공법상의 제도를 헌법에 보장함으로써 입법에 의해 변경하지 못하도록 한다는 데 그 특징이 있다(星野光南, 1982: 23-26). 따라서 지방자치를 법률로 파기할 수 없으며, 지방자치단체를 법률로 해지·해산하는 것도 원칙적으로 헌법 위반이 된다. 제도적 보장설은 오늘날의 다수설이다.

자치권은 자치입법권, 자치행정권 및 자치사법권으로 나누고, 자치행정권은 다시 자치조직권, 좁은 의미의 자치행정권, 자치재정권 및 자치계획권으로 나눌 수 있다.

1) 자치입법권

자치입법권은 지방자치단체가 스스로 법규를 제정할 수 있는 권리를 의미한다. 자치입법권의 근거는 「헌법」 제117조 제1항에서 "지방자치단체는…… 법령의 범위 안에서 자치에 관한 규정을 제정할 수 있다."고 규정하고 있다. 「지방자치법」에는 조례에 대해서는 "지방자치단체는 법령의 범위 안에서 그 사무에 관하여 조례를 정할 수 있다."(지방자치법 제22조)고 규정하고, 규칙에 대해서는 "지방자치단체장은 법령, 조례가 위임한 범위 안에서 그 사무에 관하여 규칙을 정할 수 있다."(지방자치법 제23조)고 규정하고 있다.

2) 자치행정권
(1) 자치조직권

자치조직권은 지방자치단체가 자기 사무를 처리하는 데 필요한 조직을 자주적으로 정할 수 있는 권리를 의미하며 넓은 의미의 자치행정권에 포함된다. 우리나라 지방자치단체의 자치조직권에는 많은 제약이 가해지고 있다. 조직에 관한 조례를 정하더라도 지방자치단체의 자주적인 판단에 의하는 것이 아니라 법령이 정한 바에 의하거나, 감독기관의 승인을 얻거나, 협의를 거치도록 한 경우가 많기 때문이다. 이러한 제약이 가해지는 이유는 지방자치단체도 국가행정조직의 일부로서 전국적인 통일을 유지해야 할 필요가 있다는 점 때문으로 볼 수 있다.

(2) 자치행정권

자치행정권은 지방자치단체가 자기 사무를 원칙적으로 국가의 관여를 받지 않고 자주적으로 처리할 수 있는 권리를 의미한다. 자치행정권에 대해 「헌법」에는 "지방자치단체는 주민의 복리에 관한 사무를 처리하고"(헌법 제117조 ①)라고 규정했다. 「지방자치법」에는 "지방자치단체는 관할구역의 자치사무와 법령에 의하여 지방자치단체에 속하는 사무를 처리한다."(지방자치법 제9조 ①)고 규정하고, "지방자치단체장은 당해 지방자치단체의 사무와 법령에 의하여 위임된 사무를 관리하고 집행한다."(지방자치법 제103조)고 규정하고 있다.

(3) 자치재정권

자치재정권은 지방자치단체가 자기 사무를 수행하는 데 필요한 경비를 자주적으로 조달하고 관리하는 권리를 의미한다. 자치재정권에 대해 「헌법」 제117조 ①은 "지방자치단체는……재산을 관리하며……"라고 규정했으며, 「지방자치법」에는 "지방자치단체는 법률이 정하는 바에 의하여 지방세를 부과·징수할 수 있다."고 규정하고, 사용료·수수료·분담금에 대해서도 징수할 수 있는 근거를 규정하고 있다(지방자치법 제135~138조).

(4) 자치계획권

자치계획권은 지방자치단체가 그 사무를 수행하기 위해 구속력 있는 계획을 자주적으로 수립하고, 지방자치단체와 관련되는 상위 계획에 참여하는 권리를 말한다(최창호, 2001: 262).

3) 자치사법권

영국에서는 치안판사(justice of the peace)가 19세기 중엽에 이르기까지 지방행정에서 주동적인 역할을 했다. 따라서 지방자치가 처음에는 치안판사의 활동에서 시작됐다고 볼 수 있다(장지호, 1992: 59-64). 오늘날에도 지방자치단체가 자치 법규 위반자에게 사법적 규제를 하는 자치법원(municipal court)이 설치된 경우가 있다(Adrian & Fine, 1991: 368-369). 그러나 오늘날 영·미를 제외한 대부분의 국가에서 자치사법권이 자치권에 포함된 경우는 거의 없다.

What is Local Autonomy?

지방자치단체란 무엇인가?

지방자치단체는 일정한 구역을 기초로 그 구역 내의 모든 주민을 구성원으로 하여 중앙정부로부터 어느 정도 독립된 일정한 자치권을 갖는 단체를 의미한다. 지방자치단체는 의결기관과 집행기관을 포괄하는 개념이다. 지방자치단체의 종류는 수행하고자 하는 목적이 특정한지의 여부에 따라 크게 보통지방자치단체와 특별지방자치단체로 나눌 수 있다.

1) 보통지방자치단체

보통지방자치단체는 지방의 일반적인 공공사무를 처리하기 위한 목적으로 존재한다. 우리나라「지방자치법」제2조(지방자치단체의 종류) 1항에 의하면 지방자치단체는 대별해 특별시, 광역시, 특별자치시, 도 및 특별자치도와 시와 군 및 구의 2종으로 하고 있다. 여기서 특별시, 광역시, 특별자치시, 도 및 특별자치도는 광역자치단체이고, 시와 군 및 구는 기초자치단체다. 광역자치단체는 중앙정부와 기초자치단체의 중간에 있다고 해서 중간자치단체라고도 한다. 지방자치단체인 구는 특별시와 광역시의 관할구역 안의 구(區)에 한하며, 이를 특별시나 광역시가 아닌 인구 50만 이상의 시에 둘 수 있는 구와 구별하기 위해 '자치구'라고 한다.

2) 특별지방자치단체

특별지방자치단체는 특정한 목적을 수행하기 위해 설치되는 것으로 미국과 프랑스의 특별구(special district)가 대표적인 특별지방자치단체다. 일본은 특별지방공공단체로서 특별구, 지방공공단체의 조합, 재산구를 두고 있다(일본 지방자치법 제1조3의 3항).

3) 지방자치단체라는 명칭

지방자치단체라는 명칭은 일본「지방자치법」의 지방공공단체를 참고한 결과라고 추정되며, 좀 더 일반적으로 사용되는 용어는 지방정부(local government)다.

*日本「地方自治法」

　第一条の二　地方公共団体は、住民の福祉の増進を図ることを基本として、地域における行政を自主的かつ総合的に実施する役割を広く担うものとする。

(일본「지방자치법」제1조의 2 지방공공단체는 주민의 복지 증진을 도모하는 것을 기본으로 하여 지역에 있어서의 행정을 자주적이고 종합적으로 실시하는 역할을 넓게 담당하는 것으로 한다.)

What is Local Autonomy?

지방자치단체는 어떤 형태가 있는가?

지방자치단체는 지역적 문제에 대해 자주적으로 의사 결정을 하고 결정된 내용에 대해 집행을 한다. 지방자치단체의 기관 구성 형태는 의결기관과 집행기관이 하나의 기관으로 통합됐느냐 아니면 개별적으로 분리됐느냐에 따라 기관통합형과 기관분립형으로 나누고, 이 두 형태가 절충된 것을 절충형이라고 한다. 기관통합형은 국가의 정부 형태와 비교해 보면 내각책임제와 유사하고, 기관분립형은 대통령 중심제와 유사한 형태다. 지방자치단체의 기관 구성 형태는 각국의 역사적 전통에 따라 매우 다양하다.

1) 기관통합형

　기관통합형은 국가의 정부 형태 중 내각책임제와 유사한 형태로 의결 기능과 집행 기능을 분리하지 않고 의회에 귀속시키는 형태의 지방자치단체를 의미한다. 따라서 지방의회의 의장이 지방자치단체장으로서의 역할을 수행하나 실질적인 집행권을 행사하는 집행부의 수장이라기보다는 자치단체를 의례적으로 대표하는 상징적인 존재인 경우가 대부분이다.

2) 기관분립형(기관대립형)

　기관분립형은 국가의 정부 형태 중 대통령 중심제와 유사한 것으로 권력분립주의 원칙에 입각해서 지방자치단체의 의결 기능과 집행 기능을 각각 다른 기관에 분담시켜 기관 간에 견제와 균형이 이뤄지도록 한 형태를 말한다. 기관분립형은 집행기관의 선임 방법에 따라서 선거형과 임명형으로 나눌 수 있다.

3) 절충형

　절충형은 의결기관과 집행기관을 분립시킨다는 점에서 기관분립형의 요소를 갖추고 있으나, 서로 대립시키지 않고 집행기관을 합의제로 운영하고 있어서 절충형이라고 한다. 절충형은 의회-집행위원회형(council executive committee form)이라고도 불리며, 네덜란드·벨기에·스웨덴·덴마크 등에서 채택하고 있다(김학로, 1994: 141-142).

4) 주민총회형

주민총회형은 직접민주제의 원리를 현실적으로 적용한 유형이다. 자치단체의 유권자 전원으로 구성되는 주민총회(popual assemblée, folk moot)가 자치단체의 최고의사결정기관으로 자치단체의 기본 정책 예산, 인사 문제 등을 직접 결정하며 집행하는 것이다. 일본의 정촌총회(町村總會), 미국의 타운 미팅(town meeting), 스위스의 게마인데 총회(Gemeindeversammlung; assemblée communale) 등이 그 예가 된다. 특히 스위스는 전형적인 직접민주제 국가로서 농촌지역 기초자치단체의 9할에 주민총회가 구성돼 있다(최창호, 2001: 457-458).

5) 우리나라의 기관 구성 형태

우리나라 지방자치단체의 기관 구성 형태는 국가의 통치구조인 대통령제와 유사한 기관분립형을 채택하고 있다. 기관분립형 중에도 집행기관을 주민이 직접 선출하므로 집행기관 직선의 기관분립형이라 할 수 있다. 지방자치단체의 기관 구성 형태는 국회에서 제정한「지방자치법」에 정해져 있으므로 지방의 인구 규모, 경제력, 구역의 크기에 따른 차이를 반영한 다양한 형태의 지방자치단체를 구성할 여지가 없다. 특히 의결기관보다는 집행기관의 권한이 우월하므로 집행기관 우위의 기관분립형이라고 할 수 있다.

일본은 국가의 통치구조는 내각책임제이나 지방공공단체의 기관 구성 형태는 대통령중심제와 유사한 기관분립형을 채택하고 있다. 지방자치단체의 기관 구성 형태를 우리나라나 일본과 같이「지방자치법」에서 정해 놓지 않고, 지방자치단체별로 자주적으로 정하게 할 수도 있다.

What is Local Autonomy?

지방자치의 계층은 어떻게 구성되는가?

1) 계층

계층이란 지방자치단체와 중앙정부 간의 연결구조를 말한다. 지방자치단체는 중앙정부와 계층적 관계를 이루게 되는데, 그 형태는 중앙정부와 직접 연결되는 단층제와 중간에 또 다른 지방자치단체가 존재하는 중층제 내지는 다층제가 있다.

지방자치단체는 국가의 한 부분으로 존재하므로 중앙정부와 계층적 관계에 있다. 지방자치단체의 계층구조를 단층제와 다층제 중 어느 것이 적합한가의 문제는 정치·경제·사회·문화적인 상황, 사무의 종류, 자치권의 정도와 범위, 자치단체의 규모에 따라 상대적으로 판단할 사항이다. 계층구조에는 자치권이 있는 자치단체 간의 자치계층과 수직적 지휘·감독 관계를 갖는 행정계층이 있다.

2) 단층제와 다층제

지방자치단체는 일정한 구역과 주민을 구성 요소로 한다. 지방자치단체의 계층구조에 대해 관할구역 안에 지방자치단체가 하나만 존재하는 경우를 단층제(single-tier system)라 하고, 관할구역 안에 다른 지방자치단체가 존재하는 경우를 다층제(multi-tier system)라고 한다. 다층제의 경우 하위 계층의 자치단체를 기초자치단체(basic unit of local government)라고 하고, 상위 계층의 자치단체를 광역자치단체(wide area unit of local government) 또는 중간자치단체(intermediary unit of local government)라고 한다.

3) 단층제와 다층제의 관계

단층제와 다층제는 상대적 관계에 있다. 단층제는 관할구역 안에 하나의 자치단체만 존재하는 경우로 신속한 행정이 용이하고 행정책임이 명확해질 수 있으며, 지역의 특성이 존중될 수 있다는 장점이 있다. 반면에 대규모 사업의 수행이 곤란하고, 자치단체 간의 분쟁 조정이 곤란하며, 중앙집권화의 가능성이 크다는 단점이 있다. 또한 지방자치단체의 수가 많아지면 중앙정부가 관리하는 데 어려움이 있을 수 있다.

4) 우리나라의 계층구조

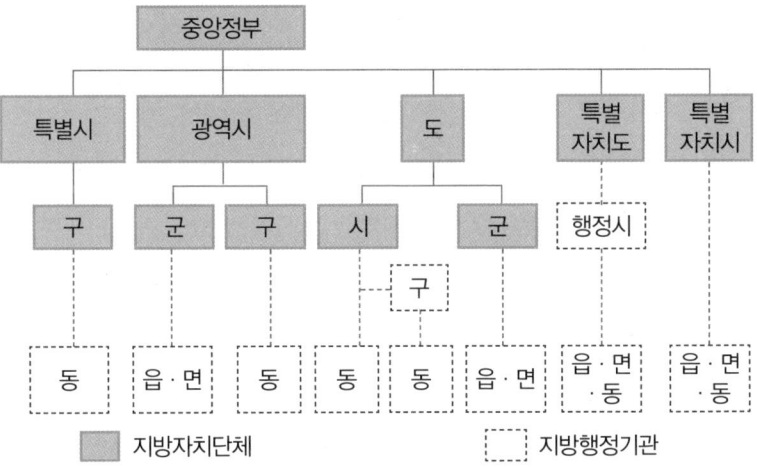

[그림 10-1] 우리나라 지방자치단체의 계층구조

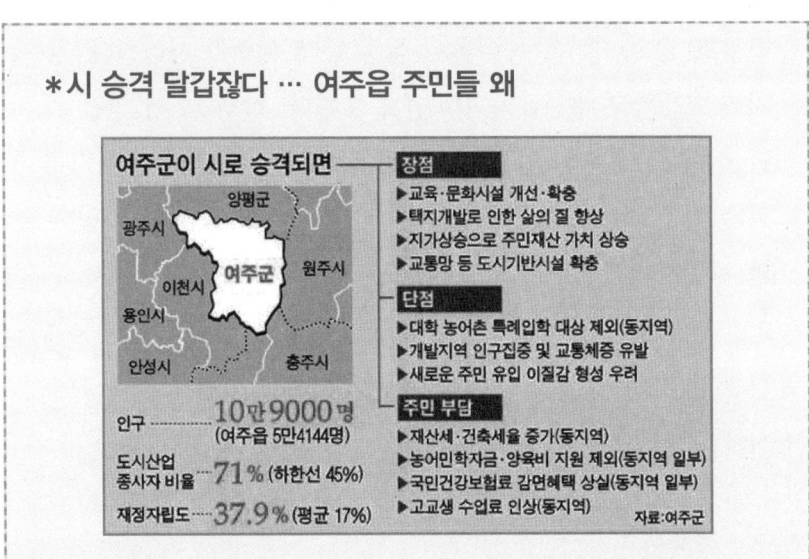

여주군은 「지방자치법」에 정해진 시 설치 기준인 인구, 도시 산업종사자 비율, 재정자립도 등 3대 조건을 갖췄다. 우선 인구 5만 명 이상의 도시 형태를 갖춘 지역이 있어야 하는데, 도시지역인 여주읍 인구가 5만 4,144명으로 이 기준을 넘는다. 군 전체 인구는 10만 9,000여 명이다. 도시 산업종사자 가구 비율이 전체의 71%로 하한선(45%)을 넘는다. 재정자립도는 37.9%로 전국 군지역 평균(17%)의 배가 넘는다.

지표상으로는 시 승격이 문제될 게 없다. 관건은 여론이다. 그러나 도시지역인 여주읍 주민들의 반대가 거세다. 시로 승격되면 도시지역은 동(洞)이 설치돼 지금까지 누려 온 농촌지역의 혜택을 포기해야 하기 때문이다. 가장 큰 피해자는 수험생과 학부모다. 동지역은 농어촌 수험생 특례 혜택이 사라진다. 동지역 고등학교 수업료와 입학금도 오른다. 학생 1인당 연간 37만 원이 늘어난다. 연간 115만 원 정도의 농어민 자녀 학자금과 농어촌 교사 특별근무수당(월 11만 원)도 받지 못한다. 주민세와 사업자의 면허세·국민건강보험료 등도 오른다. 여주군은 2013년 6월 4일 「경기도 여주시 도농복합 형태의 시 설치 등에 관한 법률」이 제정되고, 2013년 9월 23일 시행됨에 따라 여주시로 전환됐다(중앙일보, 2012.05.30).

＊남양동 → 읍으로 전환, 주민들은 "만만세" 왜

 경기도 화성시 남양동이 남양읍으로 바뀌게 됐다. 안전행정부가 지난 8일 이 같은 전환을 최종 승인했다. 남양동은 원래 화성군 남양면이었다. 그러던 것이 2001년 화성군이 화성시가 되면서 남양동으로 바뀌었다. 그럼에도 동으로 바뀌면서 주민들 부담은 늘었다. 읍·면 지역이 받던 대학 입학 농어촌 특별전형, 국민건강보험료 감면과 낮은 재산세율 적용 같은 혜택이 사라져 삶이 오히려 팍팍해졌다.
 참다 못한 주민들이 나섰다. 2012년 1월 화성시에 '동'을 '읍'으로 바꿔달라고 요청했다. 화성시는 주민 공청회와 시의회 의결을 거쳐 경기도를 통해 지난해 2월 안전행정부에 읍 전환을 공식 신청했다. 안행부는 "전례가 없다"며 답을 미뤘다. 안행부로부터 소식이 들리지 않자 남양동 주민들은 재차 읍으로의 전환을 촉구하는 건의서와 탄원서를 내고, 도보행진 같은 행사를 했다. 결국 안행부는 승인했다. 주민들은 읍 전환에 따라 교육 여건 또한 한층 나아질 것으로 보고 있다. 읍·면 지역에 근무하는 교사에게는 가산점이 주어져 우수한 교사들이 서로 오려고 하기 때문이다.

남양동의 남양읍 전환 과정

2001년　3월 화성군이 화성시가 되면서 남양면은 남양동으로 개편
2012년　1월 남양동 주민, 읍 전환 건의
　　　　12월 주민공청회
2013년　2월 안전행정부에 남양읍 전환 신청
　　　　11월 안전행정부 "전례 없다"에 주민들 전환 탄원서 제출
2014년　6월 안전행정부에 전환 촉구 건의서 제출
　　　　7월 8일 남양읍 전환 승인

동이 읍·면이 되면 달라지는 것

- 건물 재산세율 인하 : 0.5%　➔ 0.25%
- 농지 재산세율 인하 : 0.2 - 0.5% ➔ 0.07%
- 건강보험료 감면 : 읍·면 주민 22%, 농·어업인은 50% 감면
- 고교 수업료 인하 : 연 137만 원　➔ 89만 1,600원
- 대입특별전형 : 읍·면은 농어촌 자녀 특별전형 해당

(중앙일보, 2014.07.11).

What is Local Autonomy?

지방자치의 지역적 범위(구역)는 어떻게 구성되는가?

지방자치단체의 구역이란 자치단체의 자치권이 미치는 지역적 범위를 말한다. 구역은 지방자치가 이뤄지는 지역적 단위이므로 지역사회의 공적 문제 해결에 주민이 주체적으로 충분히 참여할 수 있는 규모가 돼야 한다. 또한 구역은 고정된 것이 아니고, 경제·사회적 발전과 교통·통신의 발달에 따라 변경될 수 있는 것이다.

구역은 지방자치단체의 기능과 분리될 수 없는 문제다. 지방자치단체의 기능 수행에는 적정한 구역의 크기가 있을 수 있기 때문이다. 따라서 지방자치단체가 수행하는 기능의 성격과 내용에 따라서 구역의 크기가 달라져야 하고, 기능의 변화에 따라 구역의 크기도 적정하게 조정돼야 하는 것이다. 지방자치단체의 관할구역은 계층구조와도 밀접한 관련이 있다. 관할구역이 좁아지면 자치단체의 수가 많아져 계층 수의 증가가 불가피하고, 계층 수를 축소하면 자치단체를 통합하여 그 수를 줄일 수밖에 없어 결과적으로 관할구역이 넓어지는 상대적인 관계에 있다. 그 이유는 중앙정부나 광역자치단체가 직접 상대할 수 있는 지방자치단체의 수에는 일정한 한계가 불가피하기 때문이다.

지방자치단체의 관할구역은 역사적인 산물이기 때문에 구역의 변경은 주민들의 생활이나 정서와 밀접한 관련이 있다. 따라서 구역의 변경은 전통과 역사에 대한 고려 없이는 주민들의 강력한 저항에 직면할 가능성이 많은 문제다. 따라서 구역의 통합은 보통 지방의회의 의결이나 주민투표 등을 통해 이뤄진다.

＊**자치단체 자율 통합**(2010)

행정안전부는 2009년 9월 2일 '주민의 삶의 질 개선과 지역경쟁력 강화를 위한 자치단체 자율통합 지원계획'을 발표하고 2009년 9월 30일까지 자치단체장·지방의회·주민으로부터 통합건의서를 받았다. 그 후 전국 18개 지역 34개 시·군에서 통합 건의가 들어왔다. 여론조사를 통해 통합이 바람직한 것으로 나타난 지역에 대해서는 지방의회 의결, 주민투표 등을 통해 통합을 결정하기로 했다. 추진 결과 창원, 마산, 진해시 의회가 2009년 12월 11일 행정안전부에 의견을 제출했다. 그 후 「경상남도 창원시 설치 및 지원특례에 관한 법률」이 2010년 3월 12일 제정돼 2010년 7월 1일 통합된 창원시가 출범했다.

＊일본의 기초자치단체(市・町・村) 합병

일본 정부는 지방분권의 추진, 고령화에 대응, 다양한 주민 요구에 대응, 생활권의 광역화에 대응 및 효율성의 향상을 위해서 2003년 12월 1일 현재 3,176개인 기초자치단체를 2005년 3월까지 1,000개를 목표로 합병을 유도했다. 이를 위해 1999년 7월 자치성에 '합병추진본부'를 설치하고, 2005년 3월 31일까지 합병하는 지방자치단체에 대해서는 「시・정・촌(市・町・村)의 합병의 특례에 관한 법률」에 따라 재정적 지원을 하기로 했다(일본 총무성 합병 상담 코너, 2003.12.14). 2018년 10월 1일 기준 일본의 기초단체 수는 1,718개(市 792, 町 743, 村 183)다(http://www.soumu.go.jp/kouiki/kouiki.html).

What is Local Autonomy?

지방자치단체는 어떤 일을 하는가?

일정 국가 내에서 처리돼야 할 공공사무를 국가사무와 자치사무로 나누고, 처리 권한을 중앙정부와 지방자치단체에 부여하는 것을 사무배분이라고 한다. 공공사무는 가능한 한 주민과 가장 가까운 기초자치단체에서 처리돼야 하고, 기초자치단체에서 처리될 수 없는 사무는 광역자치단체에서 처리하며, 광역자치단체에서 처리할 수 없는 사무는 국가가 처리하는 것이 바람직하다. 이러한 원칙을 보충성의 원칙이라고 한다.

중앙정부나 지방자치단체의 존립 목적에 맞춰 사무를 배분하는 것도 필요하다. 국가의 주권 행사와 관련해서 국방이나 외교 기능은 중앙정부에 배분하고 주민들의 일상생활과 직결되는 사무는 지방자치단체에 배분하는 것이다. 즉, 중앙정부가 좀 더 잘할 수 있는 사무는 중앙정부가 처리하게 하고, 지방자치단체가 좀 더 잘할 수 있는 사무는 지방자치단체에 배분하는 것이 바람직하다는 것이다.

또한 가장 적은 비용으로 행정서비스를 제공할 수 있는 지역적 크기에 따라 사무를 배분하는 것이다. 즉, 규모의 경제에 따라 서비스 공급의 최적 규모가 될 수 있도록 사무를 배분하는 것이다. 사무 배분은 현실적으로는 중앙정치권이나 정부의 이해관계와 지방자치단체의 행정적·재정적 능력과 주민의 자치 의식 수준에 따라 결정된다.

1) 지방자치단체의 사무

「지방자치법」 제9조 제1항에서 지방자치단체는 관할구역의 자치사무와 법령에 따라 지방자치단체에 속하는 사무를 처리한다고 규정하고, 2항에서는 지방자치단체의 사무를 다음과 같이 6개 사무 영역으로 예시하고 있다.

(1) 지방자치단체의 구역, 조직 및 행정관리 등에 관한 연구
(2) 주민의 복지 증진에 관한 사무
(3) 농림·상공업 등 산업 진흥에 관한 사무
(4) 지역 개발 및 주민의 생활환경 시설의 설치·관리에 관한 사무
(5) 교육·체육·문화·예술의 진흥에 관한 사무
(6) 지역 민방위 및 소방에 관한 사무

2) 지방자치단체의 종류별 사무배분

「지방자치법」제19조의 지방자치단체의 종류별 사무배분 기준은 다음과 같다.

(1) 시 · 도
가. 행정처리 결과가 2개 이상의 시 · 군 및 자치구에 미치는 광역적 사무
나. 시 · 도 단위로 동일한 기준에 따라 처리돼야 할 성질의 사무
다. 지역적 특성을 살리며 시 · 도 단위로 통일성을 유지해야 할 필요가 있는 사무
라. 국가와 시 · 군 및 자치구 간의 연락 · 조정 등의 사무
마. 시 · 군 및 자치구가 독자적으로 처리하기에 부적당한 사무
바. 2개 이상의 시 · 군 및 자치구가 공동으로 설치하는 것이 적당하다고 인정되는 규모의 시설을 설치하고 관리하는 사무

(2) 시 · 군 및 자치구
시 · 도가 처리하는 것으로 돼 있는 사무를 제외한 사무

3) 지방자치단체에게 금지되는 국가사무

「지방자치법」제11조에 의하면 지방자치단체는 다음 각 호에 해당하는 국가사무를 처리할 수 없다. 다만, 법률에 이와 다른 규정이 있는 경우에는 국가사무를 처리할 수 있다.

(1) 외교, 국방, 사법(司法), 국세 등 국가의 존립에 필요한 사무
(2) 물가정책, 금융정책, 수출입정책 등 전국적으로 통일적 처리를 요하는 사무
(3) 농산물 · 임산물 · 축산물 · 수산물 및 양곡의 수급 조절과 수출입 등 전국적 규모의 사무
(4) 국가종합경제개발계획, 국가하천, 국유림, 국토종합개발계획, 지정항만, 고속국도 · 일반국도, 국립공원 등 전국적 규모나 이와 비슷한 규모의 사무
(5) 근로 기준, 측량 단위 등 전국적으로 기준을 통일하고 조정해야 할 필요가 있는 사무
(6) 우편, 철도 등 전국적 규모나 이와 비슷한 규모의 사무
(7) 고도의 기술을 요하는 검사 · 시험 · 연구, 항공관리, 기상행정, 원자력 개발 등 지방자치단체의 기술과 재정 능력으로 감당하기 어려운 사무

4) 지방자치단체의 종류별 사무 예시

「지방자치법」 제10조(지방자치단체의 종류별 사무배분 기준) 제2항에는 "제1항의 배분 기준에 따른 지방자치단체의 종류별 사무는 대통령령으로 정한다."고 했고, 이에 따라 「지방자치법」 시행령 제8조(지방자치단체의 종류별 사무)에는 "법 제10조 제2항에 따른 지방자치단체의 종류별 사무의 예시는 [별표 1]과 같다. 다만, 다른 법령에 이와 다른 규정이 있는 경우에는 그러하지 아니하다."고 규정하고 있다.

■ 지방자치법 시행령 [별표 1] 〈개정 2016.3.25〉

지방자치단체의 종류별 사무 (제8조 관련)

구분	시·도 사무	시·군·자치구 사무
1. 지방자치단체의 구역·조직 및 행정관리 등에 관한 사무	법 제10조 제1항 단서에 따라 시·도와 시·군 및 자치구에 각각 공통된다.	
2. 주민의 복지 증진에 관한 사무		
가. 주민복지에 관한 사업	1) 주민복지 증진 및 주민보건 향상을 위한 종합계획 수립 및 지원 2) 시·군·자치구에 공통되는 복지 업무의 연계·조정·지도 및 조언	1) 주민복지 증진사업계획의 수립·시행 2) 시·군·자치구 단위 주민복지시설의 운영·지원 3) 주민복지 상담 4) 환경위생 증진 등 주민보건 향상을 위한 사업 실시
나. 사회복지시설의 설치·운영 및 관리	1) 사회복지시설의 수요 판단과 지역별 배치 등 기본계획의 수립 2) 사회복지시설의 설치·운영 3) 사회복지법인의 지도·감독 및 지원 4) 사회복지시설 수혜자에게 비용 수납 및 승인	1) 사회복지시설의 설치·운영 2) 사회복지시설의 수혜자에게 비용 수납 3) 사회복지법인에 대한 보조 및 지도 4) 사회복지법인 등의 시설 설치 허가 및 그 시설의 운영 지도

— 이하 생략 —

What is Local Autonomy?

자치사무와 위임사무는 무엇인가?

지방자치단체에서 처리하는 사무는 크게 자치사무와 위임사무로 나누고, 위임사무는 다시 단체위임사무와 기관위임사무로 나눈다.

1) 자치사무

(1) 의의

지방자치단체의 존립 목적과 직결되는 본래적 사무, 즉 주민의 복리 증진을 위한 사무를 의미한다. 이러한 사무는 지방자치단체가 자기 의사와 책임 및 부담 아래 처리해야 한다는 의미에서 자치사무 또는 고유사무라고 한다.

(2) 특성

가. 이해관계

자치사무는 지방자치단체가 자기의 책임과 부담으로 처리하는 사무로서, 일반적으로 전국적 이해관계보다 지방적 이해관계가 큰 사무를 의미한다.

나. 지방의회의 관여

자치사무는 지방자치단체 존립 목적과 직결되는 본래적 사무이므로 주민대표기관인 의결기관의 관여가 당연히 인정된다.

다. 비용 부담

자치사무는 지방적 이해관계가 큰 사무이므로 사무 처리에 소요되는 경비는 해당 지방자치단체가 전액 부담하는 것이 원칙이다.

라. 감독

자치사무에 대한 국가의 감독은 합법성에 관한 사후 교정적 감독에 한정되고, 합목적성에 의한 감독이나 사전 예방적 감독은 배제된다.

(3) 사무의 종류

가. 지방자치단체의 존립·유지에 관한 사무

자치입법, 자치조직, 자치재정에 관한 사무 등

나. 지방의 복지에 관한 사무

학교 · 병원 및 도서관의 설치 · 관리, 도로의 건설 · 관리, 상 · 하수도 사업, 주택사업, 쓰레기 등 오물 처리, 교통, 도시계획, 소방, 예방접종 등에 관한 사무 등

2) 단체위임사무

(1) 의의

단체위임사무는 법령에 따라 국가 또는 상급자치단체로부터 그 지방자치단체에 위임된 사무를 말한다. 우리나라「지방자치법」에 "법령에 따라 지방자치단체에 속하는 사무"(지방자치법 제9조 ①)가 바로 단체위임사무를 의미하는 것이다. 단체위임사무는 일단 지방자치단체에 위임된 이상 자치단체의 사무로 취급되고, 법령상 중앙통제나 경비 부담의 범위에서 차이가 있다.

(2) 특성

가. 이해관계

단체위임사무는 그 성질이 일반적으로 지방적 이해관계와 전국적 이해관계를 동시에 갖는 사무를 말한다.

나. 지방의회의 관여

단체위임사무는 지방자치단체 자체에 위임된 사무이므로 지방자치단체를 구성하는 의결기관의 관여가 당연히 인정된다.

다. 비용 부담

단체위임사무는 지방적 이해관계와 전국적 이해관계를 동시에 갖는 것이므로 사무 처리에 소요되는 경비는 해당 지방자치단체와 국가가 공동으로 부담하는 것을 원칙으로 한다.

라. 감독

단체위임사무에 대한 국가의 감독은 합법성과 합목적성의 사후 교정적 감독에 한정되고 사전 예방적 감독은 배제된다.

(3) 사무의 종류

각종 예방접종 사무, 시·군의 재해 구호사업 등

3) 기관위임사무

(1) 의의

기관위임사무란 법령에 따라 국가 또는 상급 지방자치단체로부터 지방자치단체의 집행기관에게 위임된 사무를 말한다. 우리나라 「지방자치법」은 "시·도와 시·군 및 자치구에서 시행하는 국가사무는 법령에 다른 규정이 없는 한 시·도지사와 시장·군수 및 자치구의 구청장에게 위임하여 행한다."(지방자치법 제102조)고 규정하고 있다. 여기서 시·도지사와 시장·군수 및 자치구의 구청장에게 위임해 행하는 사무는 바로 기관위임사무를 의미한다.

(2) 특성

가. 이해관계
기관위임사무는 그 성질이 일반적으로 지방적 이해관계보다 전국적 이해관계가 큰 사무를 말한다.

나. 지방의회의 관여
기관위임사무는 해당 지방자치단체 자체가 아니라 자치단체장에게 위임된 사무이므로 그 처리는 집행기관의 전권에 속하는 것이고 법률에 특별한 규정이 없는 한 지방의회의 관여는 배제된다.

다. 자치단체장의 지위
기관위임사무의 처리에 관한 한 지방자치단체장은 중앙정부의 일선기관의 지위를 갖는다.

라. 경비의 부담
기관위임사무의 처리에 소요되는 경비는 그 전액을 위임기관이 부담하는 것이 원칙이다.

마. 감독
기관위임사무에서 수임기관은 위임기관의 하급기관 지위에서 사무를 처리하는 것이므로 위임기관은 이에 대해 거의 전면적인 감독을 할 수 있다. 따라서 합법성 외에 합목적성에 대한 감독과 사후 교정적 감독 외에 사전 예방적 감독도 모두 가능하다.

(3) 사무의 종류
천연기념물 관리사무, 대통령·국회의원선거 사무, 국민투표 사무 등

(4) 기관위임사무의 문제점
가. 자치권의 제약
기관위임사무의 존재는 지방자치단체를 국가의 하급기관으로 전락시켜 자치권을 제약한다.

나. 행정책임 소재의 불명확
사무는 국가사무이나 처리는 지방자치단체장이 하므로 양자 간에 책임 소재가 불명확해지는 문제가 있다.

다. 주민 참여의 제약
기관위임사무에 대해서는 지방의회의 관여가 배제되므로 행정에 대한 주민 참여를 제약한다.

라. 지방자치단체의 창의성 저해
국가사무이므로 전국적인 획일 행정에 의해 지방의 창의성이 무시된다.

마. 지방재정 부담 가중

사무 처리에 소요되는 경비를 전액 국가가 부담하는 것이 원칙이나 국가가 이를 이행하지 않는 경우 지방의 재정적 부담을 가중시킨다.

> **＊기관위임사무의 정비**
>
> 「지방자치분권 및 지방행정체제 개편에 관한 특별법」 제11조 ①에는 국가는 같은 법 제9조에 따른 사무배분의 원칙에 따라 그 권한 및 사무를 적극적으로 지방자치단체에 이양하여야 하며, 그 과정에서 국가사무 또는 시·도의 사무로서 시·도 또는 시·군·구의 장에게 위임된 사무는 원칙적으로 폐지하고 자치사무와 국가사무로 이분화하여야 한다고 규정하고 있다.

4) 사무 구분의 필요와 실태

(1) 구분의 필요

지방자치단체에서 처리하는 사무를 기관위임사무, 단체위임사무 및 자치사무로 구분할 현실적인 필요는 다음과 같다.

가. 지방의회의 권한

지방의회의 권한은 원칙적으로 단체위임사무와 자치사무에 한해 행사된다.

나. 자치단체장의 위법·부당한 명령이나 처분의 시정(지방자치법 제169조 ①)

지방자치단체의 사무에 관한 그 장의 명령이나 처분이 법령에 위반되거나 현저히 부당해 공익을 해(害)한다고 인정될 때에는 주무부 장관이나 시·도지사가 기간을 정해서 서면으로 시정을 명하고, 그 기간 내에 이행하지 않을 때에는 취소·정지할 수 있다. 이 경우 자치사무에 대해서는 법령 위반의 경우에 한한다.

다. 직무이행명령(지방자치법 제170조 ①)

지방자치단체장이 법령의 규정에 따라 그 의무에 속하는 국가위임사무 또는 시·도 위임사무의 관리 및 집행을 명백히 해태하고 있다고 인정되는 때에는 주무부 장관이나 시·도지사가 기간을 정해 서면으로 이행할 사항을 명령할 수 있다.

라. 국정감사 및 행정사무감사의 대상

국가나 광역자치단체의 기관위임사무는 국정감사나 광역자치단체의 감사 대상이 되지만 고유사무는 국정감사 및 광역지방의회의 행정사무감사의 대상이 될 수 없다.

*사무 구분의 불명확에 따른 문제점

2000년 공무원직장협의회가 구성된 이후 공무원들이 국정감사를 거부하는 사태가 벌어지고 있다. 그 이유는 국회가 국가와는 무관한 지방자치단체의 고유사무에 대해서까지 국정감사를 하기 때문이다. 지방자치단체의 고유사무는 국정감사의 대상이 아니나 현실적으로는 구별이 불명확하기 때문이다. 한국정치학회가 2001년 서울특별시에 대한 국정감사 요구·질의 자료(총 3,510건)를 분석한 결과, 지방자치단체 고유 업무가 무려 67.2%나 차지했다(한겨레신문, 2002.09.09).

(2) 구분의 실태

지방자치단체에서 처리하는 사무를 구분할 현실적인 필요는 앞에서 본 바와 같으나 현실적으로 그 구분은 불명확하다. 구분이 불명확한 가장 큰 이유는 상당 기간 동안 지방자치가 정지돼 사무의 종류를 구별할 현실적인 필요가 없었기 때문이다. 그러나 지방자치가 실시됨에 따라 명확한 사무 구분은 시급히 해결돼야 할 과제다.

> ＊지방자치단체의 사무를 자치사무와 법정수임사무로 이분화
>
> 행정안전부 장관은 2012년 5월 29일 지방자치단체의 사무를 자치사무와 법정수임사무로 이분화하는 「지방자치법」 개정안을 입법예고하고, 2012년 9월 개정법률안을 국회에 제출했으나 2019년 2월 현재까지 개정되지 않았다. 그 내용은 다음과 같다.

1. '단체위임사무'는 '자치사무'로 전환하고, '기관위임사무'는 국가로 환원하거나 지방이양을 통해 '자치사무'로 전환하되 국가사무의 성격을 유지하면서 지방에서 처리하는 것이 불가피한 경우 '법정수임사무'로 전환하도록 함.

2. 법정수임사무에 대해서는 조례 제정 및 지방의회의 행정사무감사·조사가 가능하도록 하며, 종전 '기관위임사무'에 대한 지도·감독 규정을 '법정수임사무'에 대한 감독 규정으로 개정하고 국가의 관여 범위 및 수단을 명확히 함.

3. 자치단체가 사무를 위임·위탁할 경우 조례에 의해서만 가능하도록 해서 지방의회의 통제를 강화하고 조례에 의한 '법정수임사무'가 신설됐으므로 시·도의 관할 시·군·구에 대한

사무위임 근거를 삭제하고 '재위임 시 사전 승인 절차를 폐지함(안 제104조).

4. 법정수임사무의 도입은 이 법 공포 후 1년이 경과한 후에 시행하도록 하되 이 법 시행일 당시에도 종전의 기관위임사무 형태로 규정된 사무는 개정 법률에 따른 법정수임사무로 보도록 해서 사무 구분의 혼란을 방지하도록 함(안 부칙 제1조, 제3조, 제4조).

5. 국가사무 위임의 근거를 규정하고 있는 「정부조직법」과 위임사무에 대한 경비 부담을 정하고 있는 「지방재정법」을 개정 법률의 취지에 맞춰 개정함(안 부칙 제5조).

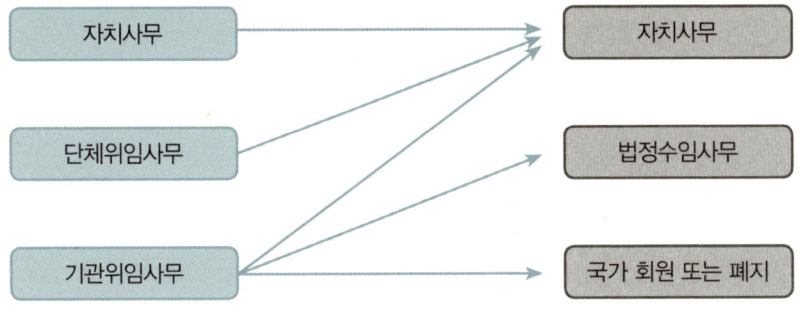

* 일본의 기관위임사무 폐지

　일본에서는 1999년 7월에 「지방분권 일괄법」이라는 특별법이 제정됐다. 특별법 제정으로 「지방자치법」의 전면적 개정은 물론, 지방자치단체의 기능·업무·권한에 관련된 4백 75개 법률이 일괄 개정됐다. 2000년 4월부터 이 법이 시행되면서 5천 45건에 달하던 국가의 기관위임사무 중 44%는 자치사무로, 39%는 법정수탁사무로, 나머지는 국가의 직접집행사무로 전환되거나 폐지됐다. 법정수탁사무는 중앙정부가 수행해야 할 의무가 있는 사무 중 주민의 편리 또는 사무의 효율적 처리를 위해 법률 또는 정령(政令)에 따라 지방자치단체가 처리하도록 규정한 사무(여권교부, 국도관리)를 의미한다.

* 야당 원내대표 만난 박원순, 「지방일괄이양법」 처리 호소

　중앙부처 571개 사무 중 369개 수용, 102개 사무는 여전히 불수용

　박원순 시장 "국회에서 지방분권특위 구성해 처리해 달라"

　박원순 서울시장이 전국시도지사협의회 의장 자격으로 이

철우 경북도지사, 양승조 충남도지사와 함께 야당 원내대표들을 만나 지방분권특별위원회 신설과「지방일괄이양법안」처리를 촉구했다. 박 시장은 23일 김관영 바른미래당 원내대표, 장병완 민주평화당 원내대표, 윤소하 정의당 원내대표, 나경원 자유한국당 원내대표를 차례대로 만나 "지방은 너무 어렵다"며 "국회 안에서 지방분권특별위원회를 만들어 중요 안건을 다뤘으면 좋겠다"고 호소했다.

「지방일괄이양법」은 중앙부처 571개 사무를 지방으로 이양시키기 위해 개정이 필요한 법률 66개를 하나의 법률에 모아 동시에 개정하는 법안이다(뉴스 핌. 2019.01.23).

지방자치단체의 사무배분에는 어떠한 예외가 있는가?

「지방자치법」제10조 제2항에 따른 지방자치단체의 종류별 사무배분은 지방자치법 시행령 [별표 1](이 책 61쪽 참조)과 같다. 그러나 여기에는 지방자치단체의 특수성에 따라 다음과 같은 예외가 적용되고 있다.

1) 자치구에 대한 특례

「지방자치법」제2조 2항에서 자치구의 자치권의 범위는 법령이 정하는 바에 따라 시·군과 다르게 할 수 있다고 규정하고,「지방자치법 시행령」제9조(자치구 사무의 특례)에서는「지방자치법」제2조 제2항에 따라 시·군과 다르게 자치구에서 처리하지 아니하고 특별시·

광역시에서 처리하는 사무를 [별표 2]에서 예시하고 있다. [별표 2]에서 예시하고 있는 사무는 '지방자치단체의 인사 및 교육 등에 관한 사무' 등 모두 14 종류로 다음과 같다. 이같이 자치구에 대한 특례를 인정하는 이유는 자치구가 시·군과는 달리 생활권을 단위가 아니라 행정적 편의에 따라 만든 행정구역이라는 성격이 강하고, 대도시 행정의 특성상 도시 전체를 하나의 단위로 처리하는 것이 좀 더 바람직한 업무는 특별시·광역시에서 처리할 필요가 있기 때문이다.

* 「지방자치법」 시행령

[별표 2] 〈개정 2016. 1. 12〉
자치구에서 처리하지 않고 특별시·광역시에서 처리하는 사무
1. 지방자치단체의 인사 및 교육 등에 관한 사무
2. 지방재정에 관한 사무
3. 매장 및 묘지 등에 관한 사무
4. 청소·오물에 관한 사무
5. 지방 토목·주택 건설에 관한 사무
6. 도시계획에 관한 사무
7. 도로의 개설과 유지·관리에 관한 사무
8. 상수도 사업에 관한 사무
9. 공공하수도에 관한 사무

10. 공원 등 관광·휴양시설의 설치·관리에 관한 사무
11. 지방궤도사업에 관한 사무
12. 대중교통 행정에 관한 사무
13. 지역경제 육성에 관한 사무
14. 교통신호기, 안전표시등의 설치·관리에 관한 사무

2) 인구 50만 이상 도시에 대한 특례

「지방자치법」 제10조 ①항 2호 후단에는 다만, 인구 50만 이상의 시에 대해서는 도가 처리하는 사무의 일부를 직접 처리하게 할 수 있다고 규정하고, 「지방자치법」 시행령 제10조(인구 50만 이상 시의 사무의 특례) 제2항에서는 「지방자치법」 제10조 제1항 제2호 단서에 따른 인구 50만 이상의 시가 처리할 수 있는 도의 사무를 [별표 3]에서 예시하고 있다. [별표 3]에서 예시하고 있는 사무는 모두 18 종류로 다음과 같다.

*「지방자치법 시행령」

[별표 3] 〈개정 2017.7.26〉

인구 50만 이상의 시가 직접 처리할 수 있는 도의 사무
 1. 보건의료에 관한 사무
 2. 지방공기업에 관한 사무
 3. 주택 건설에 관한 사무
 4 토지구획정리사업에 관한 사무
 5. 도시계획에 관한 사무
 6. 도시재개발사업에 관한 사무
 7. 환경보전에 관한 사무
 8. 건설기계 관리에 관한 사무
 9. 자동차 운송사업에 관한 사무
10. 지방공무원 인사 및 정원관리에 관한 사무
11. 지적(地籍)에 관한 사무
12. 열 사용 기자재에 관한 사무
13. 식품제조업(유가공품 제조업 및 식육제품업에 한한다)에 관한 사무
14. 묘지 · 화장장 및 납골당의 운영관리에 관한 사무
15. 사회복지시설에 관한 사무
16. 고압가스에 관한 사무
17. 도시가스에 관한 사무
18. 지방채 발행 승인 신청

＊자치구와 인구 50만 이상 시의 예산과 공무원 수 비교
(사무배분의 특례에 따른 차이)

구분	부평구	안양시	화성시	천안시
인구	556천 명	597천 명	596천 명	622천 명
면적	32㎢	58.46㎢	844㎢	636.22㎢
공무원 정원	1,053명	1,628명	1,627명	1,893명
예산	5,827억 원	10,781억 원	18,346억 원	14,000억 원
일반회계	5,624억 원	7,974억 원	13,747억 원	10,600억 원
특별회계	203억 원	2,807억 원	4,599억 원	3,400억 원

자료: 행정자치부(2016), 「2016 지방자치단체 기본현황」.
＊ 1995. 5. 10 법률 제4948호(1995.5.10 공포)로 천안시와 천안군을 천안시로 통합(2읍, 10면, 13동).

3) 서울특별시에 대한 특례(「지방자치법」 제174조 ①)

서울특별시의 특수성을 고려해서 법률이 정하는 바에 따라 특례를 둘 수 있도록 규정하고, 이에 따라 제정된 「서울특별시 행정특례에 관한 법률」에 따라 특례가 인정되고 있다.

4) 세종특별자치시와 제주특별자치도에 대한 특례

「지방자치법」은 제174조 ②에서 세종특별자치시와 제주특별자치도의 지위·조직 및 행정·재정 등의 운영에 대하여는 행정 체제의 특수성을 고려해서 법률로 정하는 바에 따라 특례를 둘 수 있다고 규정하고(개정 2011.5.30) 있다. 이에 따라 「세종특별자치시 설치 등에 관한 특별법」과 「제주특별자치도 설치 및 국제자유도시 조성을 위한 특별법」(2006. 7. 1 시행)은 사무배분에 대한 특례를 규정하고 있다.

5) 인구 100만 이상의 시에 대한 특례

「지방분권 및 행정체제 개편에 대한 특례법」 제41조에 의하면, 특별시와 광역시가 아닌 인구 100만 이상 대도시의 장은 관계 법률의 규정에도 불구하고 다음 각 호의 사무를 처리할 수 있다.

(1) 「지방공기업법」 제19조 제2항에 따른 지역개발채권의 발행. 이 경우 미리 지방의회의 승인을 받아야 한다.

(2) 「건축법」 제11조 제2항 제1호에 따른 건축물에 대한 허가. 다만, 다음 각 목의 어느 하나에 해당하는 건축물의 경우에는 미리 도지사의 승인을 받아야 한다.

　가. 51층 이상인 건축물(연면적의 100분의 30 이상을 증축하여 층수가 51층 이상이 되는 경우를 포함한다)

　나. 연면적 합계가 20만 제곱미터 이상인 건축물(연면적의 100분의 30 이상을 증축하여 연면적 합계가 20만 제곱미터 이상이 되는 경우를 포함한다)

(3) 「택지개발촉진법」 제3조 제1항에 따른 택지개발지구의 지정(도지사가 지정하는 경우에 한한다). 이 경우 미리 관할 도지사와 협의해야 한다.

(4) 「도시재정비 촉진을 위한 특별법」 제4조 및 제12조에 따른 재정비촉진지구의 지정 및 재정비촉진계획의 결정

(5) 「박물관 및 미술관 진흥법」 제18조에 따른 사립 박물관 및 사립 미술관 설립 계획의 승인

(6) 「소방기본법」 제3조 및 제6조에 따른 화재 예방 · 경계 · 진압 및 조사와 화재, 재난 · 재해, 그 밖의 위급한 상황에서의 구조 · 구급 등의 업무

(7) 도지사를 경유하지 아니하고 「농지법」 제34조에 따른 농지전용허가 신청서의 제출

(8) 「지방자치법」 제112조에 따라 지방자치단체별 정원의 범위에서 정하는 5급 이하 직급별 · 기관별 정원의 책정

(9) 도지사를 경유하지 아니하고 「개발제한구역의 지정 및 관리에 관한 특별조치법」 제4조에 따른 개발제한구역의 지정 및 해제에 관한 도시 · 군관리계획 변경 결정 요청. 이 경우 미리 관할 도지사와 협의해야 한다.

What is Local Autonomy?

주민직접참여제도는 어떤 것이 있는가?

지방자치는 지역의 공적 사무를 주민의 의사와 책임 아래 처리하는 제도이므로 직접민주제적 방식이 이상적이다. 그러나 오늘날 유권자의 수가 많아지고, 공적 사무가 전문화됨에 따라 모든 사무를 주민의 직접적 의사에 따라 처리한다는 것은 불가능하기 때문에 간접민주제가 보편적인 방식이 됐다. 간접민주제적 참여의 가장 대표적인 예가 지방의원과 지방자치단체장에 대한 선거다. 그런데 주민은 선거할 때만 자기의 의사를 표시할 수 있을 뿐이고, 선거 후에는 대표자의 의사에 종속된다. 이러한 간접민주제의 문제를 보완하기 위한 수단으로 도입된 것이 직접민주제다.

1) 주민투표

주민투표란 지방자치단체의 중요 사항에 대해 주민으로 하여금 결정하도록 하는 제도로서 우리나라는 1994년 3월의 「지방자치법」 개정에서 주민투표 제도를 도입했다(당시 지방자치법 제13조 2). 그러나 「주민투표법」이 제정되지 않아 시행되지 못하다가 2003년 12월 29일 국회에서 「주민투표법」이 의결됐다.

주민투표에 부쳐진 사항은 주민투표권자 총수의 3분의 1 이상의 투표와 유효 투표 수 과반수의 득표로 확정된다. 지방자치단체의 장 및 지방의회는 주민투표 결과 확정된 내용대로 행정·재정상의 필요한 조치를 해야 한다.

「주민투표법」 제8조에 의하면 국가정책에 관해서도 주민투표를 할 수 있다. 중앙행정기관의 장은 지방자치단체의 폐치(廢置)·분합(分合) 또는 구역 변경, 주요 시설의 설치 등 국가정책의 수립에 관해 주민의 의견을 듣기 위해 필요하다고 인정하는 때에는 주민투표의 실시구역을 정해 관계 지방자치단체의 장에게 주민투표의 실시를 요구할 수 있다. 이 경우 중앙행정기관의 장은 미리 행정안전부 장관과 협의해야 한다.

〈표 15-1〉 주민투표 실시 현황

주민투표명	실시지역	투표율(%)	개표 결과(%)		투표 결과	청구권자
제주도 행정구조 개편 (2005.7.27)	제주도	36.7	단일광역자치안	57.0	단일광역 자치안 채택	행정자치부 장관
			현행유지안	43.0		
청주·청원 통합 (2005.9.29)	충북 청주시	35.5	찬성	91.3	통합 무산 (청원군 반대)	행정자치부 장관
			반대	8.7		
	충북 청원군	42.2	찬성	46.5		
			반대	53.5		
중·저준위 방사성폐기물 처분시설 유치 (2005.11.2)	전북 군산시	70.2	찬성	84.4	경주시 선정	산업자원부 장관
			반대	15.6		
	경북 포항시	47.7	찬성	67.5		
			반대	32.5		
	경북 경주시	70.8	찬성	89.5		
			반대	10.5		
	경북 영덕군	80.2	찬성	79.3		
			반대	20.7		
서울시 무상급식 지원 범위 (2011.8.24)	서울시	25.7	소득 하위 50%의 학생을 대상으로 2014년까지 단계적으로 실시		투표권자 1/3 미만 투표로 미개표	서울시민 (1/20 이상, 5%)
			소득 구분 없이 모든 학생을 대상으로 초등학교는 '11년 부터, 중학교는 '12년부터 전면적으로 실시			
영주시 면사무소 이전 관련 (2011.12.7)	경북 영주시 평은면 *실시지역 제한	39.2	영주시 평은면 평은리 산78번지 강동리 산 19번지 일대	91.7	평은리 일대 선정	영주시민 (1/9 이상, 11%)
			영주시 평은면 오운리 산59번지, 산57-16 번지 일대	8.3		
청원·청주 통합 (2012.6.27)	충북 청원군	36.8	찬성	79.0	통합 찬성 확인	행정안전부 장관
			반대	21.0		
남해 화력발전소 유치동의서 제출 (2012.10.17)	경남 남해군	53.2	찬성	48.9	유치 무산	남해군수
			반대	51.1		
완주·전주 통합 (2013.6.26)	전북 완주군	53.2 *사전투표 (20.11%)	찬성	44.7	통합 반대 확인	안전행정부 장관
			반대	55.3		

자료: 행정안전부, 2018.12.31. 기준.

2) 조례의 제정 및 개폐 청구

조례의 제정과 개폐 청구는 주민이 직접 의안을 발의하는 주민발안의 한 유형으로 조례의 제정, 개정 및 폐지를 청구할 수 있는 권리다.

「지방자치법」 제15조에 의하면 19세 이상의 주민으로서 다음 각 호의 어느 하나에 해당하는 사람(공직선거법 제18조에 따른 선거권이 없는 자는 제외한다. 이하 이 조 및 제16조에서 "19세 이상의 주민"이라 한다)은 시·도와 제175조에 따른 인구 50만 이상 대도시에서는 19세 이상 주민 총수의 100분의 1 이상 70분의 1 이하, 시·군 및 자치구에서는 19세 이상 주민 총수의 50분의 1 이상 20분의 1 이하의 범위에서 지방자치단체의 조례로 정하는 19세 이상의 주민 수 이상의 연서(連署)로 해당 지방자치단체의 장에게 조례를 제정하거나 개정하거나 폐지할 것을 청구할 수 있다.〈개정 2009. 4. 1〉

(1) 해당 지방자치단체의 관할구역에 주민등록이 돼 있는 사람
(2) 「재외동포의 출입국과 법적 지위에 관한 법률」 제6조 제1항에 따라 해당 지방자치단체의 국내거소신고인명부에 올라 있는 국민
(3) 「출입국관리법」 제10조에 따른 영주(永住)의 체류 자격 취득일 후 3년이 경과한 외국인으로서 같은 법 제34조에 따라 해당 지방자치단체의 외국인 등록대장에 올라 있는 사람

*성남시, 주민발의 시립병원 조례 상정

경기도 성남시가 전국 처음으로 주민발의에 의한 시립병원(지방공사 의료원) 설립 조례안을 시의회에 상정했다. 성남시는 22일 '지방공사 성남의료원 설립 및 운영조례 폐지 조례안'을 오는 24~25일 열릴 예정인 제114회 시의회 임시회에 상정했다. 이 조례안은 지난해 12월 시민단체의 주도로 주민 1만 8천 595명이 서명 발의해 시에 제출한 것을 골격으로 하고 있다.

「지방자치법」에 따르면 성남시(인구 50만 명 이상)의 경우 유권자 1만 1천 명 이상의 동의로 조례 제정을 청구할 수 있으며, 시장은 청구일로부터 60일 이내에 시의회에 조례안을 상정해야 한다. 시립병원은 자본금을 시가 전액 출자하고 원장 임면, 사업계획 및 예·결산 등 운영을 시장이 관장한다. 조례 제정은 지난해 7월과 9월 수정·중원지역 핵심 의료기관인 인하병원(450병상)과 성남병원(250병상)의 휴·폐업으로 기존 시가지에 응급의료 체계의 공백이 발생하면서 성남시민모임 등 시민단체들에 의해 촉발됐다. 성남지역 30여 개 시민·사회·주민단체와 24개 동별 추진단이 주도하고 있는 조례 제정에 최근 보건의료노조와 참여연대가 동참을 선언하면서 지역 안팎의 관심이 쏠려있다. 시의회 자치행정위원회는 오는 24일 조례안을 심의해 본회의 상정 여부 등을 결정할 예정이다(연합뉴스, 2004.03.22).

3) 주민감사청구

지방자치단체의 19세 이상의 주민은 시·도는 500명, 「지방자치법」 제175조의 따른 50만 이상 대도시는 300명, 그 밖의 시·군 및 자치구는 200명을 넘지 아니하는 범위 안에서 그 지방자치단체의 조례로 정하는 19세 이상의 주민 수 이상의 연서(連署)로 시·도에서는 주무부 장관에게, 시·군 및 자치구에서는 시·도지사에게 그 지방자치단체와 그 장의 권한에 속하는 사무의 처리가 법령에 위반되거나 공익을 현저히 해친다고 인정되면 감사를 청구할 수 있다(지방자치법 제16조 ①).

＊성북구의회 의원 외유비 1천 4백만 원 주민감사청구로 환수

서울시는 성북구의회 의원들이 외유성 외국 출장을 다녀오면서 쓴 경비 중 1천 4백만 원을 환수하라고 성북구에 통보했습니다. 이는 지난해 7월 성북구 주민 206명이 직접 시에 감사를 청구한 데 따른 조치로 2000년 주민 감사제 도입 후 지방의회 의원이 부적절하게 쓴 출장비를 환수하라는 결정이 내려진 것은 이번이 처음입니다. 성북구 의원들은 2012년 동유럽과 몽골, 지난해 터키 등 다섯 차례에 걸쳐 외국 출장을 다녀오면서 약 1천 4백만 원을 의정 활동과 무관한 식대와 술을 사는 데 쓴 것으로 확인됐습니다(연합뉴스 2014.02.05).

4) 주민소송

 지방자치단체가 위법·부당한 재무회계 행위를 한 경우 감사 청구한 주민은 감사 결과 등에 불복이 있는 경우에는 감사 청구한 사항과 관련 있는 위법한 행위나 업무를 게을리 한 사실에 대해 해당 지방자치단체장을 상대방으로 주민소송을 제기할 수 있다(지방자치법 제17조 ①). 주민소송의 대상은 다음과 관련이 있는 위법한 행위나 업무를 게을리 한 사실이다.

(1) 공금의 지출에 관한 사항
(2) 재산의 취득·관리·처분에 관한 사항
(3) 해당 지방자치단체를 당사자로 하는 매매·임차·도급, 그 밖의 계약의 체결·이행에 관한 사항
(4) 지방세·사용료·수수료·과태료 등 공금의 부과·징수를 게을리 한 사항

* "사랑의교회 공공도로 점용 허가 취소해야"

 서초구는 2010년 4월 서초동 대법원 건너편에 교회 건물을 신축 중이던 사랑의교회가 건물 일부를 어린이집으로 만들어 기부채납하는 것을 조건으로 도로 지하 1,077.98㎡(326평)를 사용할 수 있도록 건축 허가와 도로점용 허가를 내줬다. 이에 반발한 황일근 당시 서초구 의원 등은 2011년 12월 서울시에 감

사를 청구했고, 서울시는 이듬해 "기부채납에는 조건을 붙이거나 특혜를 줘서는 안 된다"며 "서초구는 2개월 이내에 도로점용 허가 처분을 시정하라"고 요구했다. 서초구가 서울시의 요구에 응하지 않자 황 전 의원 등은 소송을 냈다.

  1,2심은 "도로점용 허가처분 등은 지방자치법이 정하는 주민소송 대상에 해당하지 않는다"며 각하했다. 그러나 대법원은 지난해 5월 파기환송했다(2014두8490). 대법원은 당시 "주민소송 제도는 지방자치단체 주민이 지자체의 위법한 재무회계 행위의 방지 또는 시정을 구하거나 그로 인한 손해의 회복 청구를 요구할 수 있도록 함으로써 지자체의 재무행정의 적법성과 지방재정의 건전하고 적정한 운영을 확보하려는 데 목적이 있다"면서 "따라서 주민소송은 원칙적으로 지자체의 재무회계에 관한 사항의 처리를 직접 목적으로 하는 행위에 대하여 제기할 수 있고, 「지방자치법」 제17조 1항에서 주민소송의 대상으로 규정한 '재산의 취득·관리·처분에 관한 사항'에 해당하는지도 그 기준에 의해 판단해야 하는데 특히 도로 등 공물이나 공공용물을 특정 사인이 배타적으로 사용하도록 하는 점용허가가 도로 등의 본래 기능 및 목적과 무관하게 그 사용가치를 실현·활용하기 위한 것으로 평가되는 경우에는 주민소송의 대상이 되는 재산의 관리·처분에 해당한다"고 밝혔다(법률신문 뉴스, 2017.01.17).

5) 청원

주민이 지방자치단체에 대해 원하는 바를 요청하는 것을 의미한다. 지방의회에 청원을 하고자 하는 자는 지방의회 의원의 소개를 받아 청원서를 제출해야 한다. 청원서에는 청원자의 성명 및 주소를 기재하고 서명·날인해야 한다(지방자치법 제73조).

6) 주민소환

주민소환제도는 주민소환 투표권자가 지방자치단체장과 지방의원의 위법·부당행위, 직무 유기 또는 직권 남용 등을 통제하기 위해 주민소환투표를 통해 해임시킬 수 있는 제도로서, 2006년 5월 24일 「주민소환에 관한 법률」(시행일: 2007. 5. 25)이 제정됨에 따라 도입됐다.

주민소환투표의 대상은 해당 지방자치단체의 장과 지방의회 의원을 대상으로 하되 비례대표 의원은 제외한다(주민소환에 관한 법률 제7조 ①).

주민소환투표의 청구 서명인 수는 선출직 지방공직자별로 차별화해서 시·도지사는 당해 지방자치단체의 주민소환 투표청구권자 총수의 100분의 10 이상, 시장·군수·자치구청장은 100분의 15 이상, 지역구 시·도의원 및 지역구 구·시·군의원은 100분의 20 이상으로 했다(주민소환에 관한 법률 제7조 ①).

* [슈워제네거 당선] 유권자가 무능한 주지사 버린 선거혁명
  - 주민소환투표 사례 I

　2003년 10월 7일 미국 캘리포니아 주에서는 주지사 소환투표가 실시됐다. 데이비스(Gray Davis) 주지사에 대한 주민소환투표는 2년 전의 에너지 문제와 급격히 악화된 재정적자가 그 원인이었다. 주민소환투표는 현 주지사의 신임 여부를 묻는 투표와 신임이 부결된 경우의 보궐 후보에 대한 투표가 동시에 실시된다. 소환투표에서 과반수가 소환을 지지하지 않으면 주지사는 유임되며, 보궐선거는 무효가 된다. 투표 결과 주지사는 54.6%의 찬성으로 소환됐고, 슈워제네거(Arnold Schwarzenegger)는 48%의 지지를 얻어 38대 주지사로 당선됐다. 데이비스는 1921년 노스다코타 주의 프레이저(Lynn Frazer) 주지사 이래 미국 역사상 두 번째로 소환된 주지사로 기록됐다(조선일보, 2003. 10. 09).

* 노동계 주도 주민소환선거에서 이긴 美 주지사(위스콘신)
  - 주민소환투표 사례 II

　미국에서 주(州)정부 재정 적자를 줄이기 위해 공무원노조

의 권리를 대폭 축소시켰던 주지사가 노동계와 좌파가 주도한 주민소환선거에서 이겨 극적으로 생환했다. AP통신은 5일 치러진 위스콘신 주 주지사 주민소환선거 결과, 공화당 소속 스캇 워커(44) 현 주지사가 민주당 후보인 톰 배럿(58) 밀워키 시장을 상대로 득표율 53% 대 46%로 승리해 주지사 자리를 지켰다고 6일 보도했다.

워커 주지사는 지난해 재정적자 타개를 위해 공무원의 건강보험료와 연금납부액을 인상하고 임금 인상 폭을 제한하며, 노조비 납부를 노조원 자율에 맡기고 노조가 이를 매년 재승인받도록 하는 내용의 입법안을 통과시켰다. 민주당과 노동계는 이에 반발해 지난해 11월 100만 명으로부터 주지사 소환청원 서명을 받아 그를 심판대에 세웠다.

2010년 보수주의 시민운동인 티파티의 지원으로 당선된 워커는 당시 민주당 소속의 전임 주지사로부터 물려받은 30억 달러 규모의 정부 부채를 해결하겠다고 공약하고, 첫 조치로 공무원노조에 철퇴를 내렸다. 피해를 보는 이들이 워낙 격렬하게 저항하는 데다 미국의 역대 주지사 소환투표에서 살아남은 이가 없었기 때문에 워커의 몰락이 예상됐다. 그러나 이 때문에 오히려 선거가 전국적 조명을 받았고 투표율 역시 2년 전 주지사 선거보다도 높았던 것으로 집계됐다(조선일보, 2012.06.07).

〈표 15-2〉 주민소환투표 현황

구분	일시 (대표자증명서 교부일)	지역	소환 대상	추진 사유	추진 상황
투표 실시 (8명)	2013.12.4 (2011.12.1)	전남 구례	군수	법정 구속으로 인한 군정 공백 유발	투표 실시 (2013.12.4) (투표율 8.3%, 소환 무산)
	2012.6.26	강원 삼척	시장	원자력발전소 건립 강행 등	투표 실시 (2012.10.31) (투표율 25.9%, 소환 무산)
	2011.7.19	경기 과천	시장	보금자리지구 지정 수용 등	투표 실시 ('2011.11.16) (투표율 17.8%, 소환 무산)
	2009.5.13	제주특별 자치도	도지사	제주해군기지 건설 관련 주민 의견 수렴 부족 등	투표 실시 (2009.8.26) (투표율 11%, 소환 무산)
	2007.9.21	경기 하남	시장	화장장 건립 추진 관련 갈등	투표 실시 (2007.12.12) (투표율 31.1%, 소환 무산)
	2007.9.21	"	시의원	"	투표 실시 (2007.12.12) (투표율 23.8%, 소환 무산)
	2007.9.21	"	시의원	"	투표 실시 (2007.12.12) (투표율 37.6%, 소환)
	2007.9.21	"	시의원	"	투표 실시 (2007.12.12) (투표율 37.6%, 소환)

자료: 행정안전부, 2018.12.31. 기준.

16

What is Local Autonomy?

주민자치회란 무엇인가?

1) 의의

「지방자치분권 및 지방행정체제 개편에 관한 특별법」제27조(주민자치회의 설치)에 따라 풀뿌리자치의 활성화와 민주적 참여 의식 고양을 위해 읍·면·동에 해당 행정구역의 주민으로 구성되는 주민자치회를 둘 수 있다. 주민자치회는 2013년 5월에 제정된「지방분권 및 지방행정체제 개편에 관한 특별법」제27조(주민자치회의 설치)에서 처음 도입됐다.

주민자치회 시범 실시 및 설치, 운영에 관한 표준조례 개정안에 따르면 주민자치회는 "읍·면·동(또는 동, 읍·면)에 설치되고 주민의 대표로 구성되어 주민자치센터를 운영하는 등 주민의 자치활동 강화에 관한 사항을 수행하는 조직"을 말한다. 주민자치회가 도입된 가장 큰 이유는 먼저 도입된 주민자치센터와 주민자치센터 운영을 위한 주민자치위원회의 문제점을 보완하기 위한 목적이라고 할 수 있다.

2) 주민자치센터와 주민자치위원회의 문제점
(1) 주민자치센터의 설치 목적

행정안전부의 주민자치센터 설치 및 운영조례준칙에 따르면 주민자치센터 설치 목적으로 주민 편의 및 복지 증진의 도모, 주민자치 기능의 강화, 그리고 지역공동체 형성에의 기여라고 명시하고 있다(준칙 제1조). 이러한 목적을 위해 읍면동사무소에 설치된 주민자치센터는, 그의 도입 및 운영과 관련해서 몇 가지 기본 원칙을 갖고 있는데, 중요한 것으로 다음과 같은 것을 규정하고 있다(동 제3조).

- 주민의 복리 증진과 지역공동체 형성 촉진
- 주민 참여의 보장과 자치활동의 조장
- 읍면동사무소별 자율적 운영 유도
- 자치센터의 건전한 육성 및 읍면동 발전을 위한 행·재정 지원
- 정치적 이용 목적의 배제

이러한 주민자치센터는 문화·복지·여가 등 주민의 삶의 질을 높이고, 주민 참여를 통해 주민자치 의식과 공동체 의식을 제고하는 것을 지향한다고 할 수 있다(정일섭, 2001).

(2) 주민자치센터의 문제점

주민자치센터란 「지방자치법」 제8조에 의한 주민복리 증진을 도모하고 주민자치 기능을 강화해서 지역공동체 형성에 기여하기 위해 주민이 이용할 수 있도록 동사무소에 설치된 각종 문화·복지·편익 시설과 프로그램을 총칭한다(주민자치센터 설치 및 운영조례 준칙). 이같이 주민자치센터의 설립 목적은 주민복리의 증진과 주민자치 기능의 강화다. 주민 스스로 지역문제를 풀어 가는 주민자치 기능의 구심체 역할의 수행을 목표로 초기에는 행정 주도 하에 운영하고, 단계적으로는 민간 주도로 전환해서 장기적으로는 주민자율조직인 '커뮤니티센터'로 육성한다는 것이 행정안전부의 기본 구상이다(행정자치부, 1999).

그러나 주민자치센터가 읍·면·동별로 설치돼 있지만 주민자치 기능보다는 문화센터, 교육센터 기능 위주로 운영되고 프로그램 운영상 문화·여가 프로그램이 많은 부분을 차지해 획일적이며, 인근 지역과 유사한 프로그램 운영으로 중복 사례가 많이 나타나고 있다.

(3) 주민자치위원회의 문제점

「주민자치센터 설치 및 운영조례 준칙」(개정)에 따르면, 읍면동 주민자치센터의 운영 등에 관한 사항을 심의·의결하기 위해 주민자치위원회를 두도록 하고 있다(제15조). 그리고 심의 사항으로 자치센터 설치·운영에 관한 사항, 주민 자치활동 강화에 관한 사항, 문화·복지·편익에 관한 사항, 지역공동체 형성에 관한 사항 등을 적시하고 있다(제16조). 한편 구성이나 위원 위촉 기준 등에 해서는 추상적·형식적이긴 하나 지방정치나 행정으로부터 주민자율성을 강화하는 방향으로 제시되고 있다(제17조). 위원회가 실질적인 주민자치센터의 구심점임을 직시해서 위원회 구성이나 위원들의 역할 등에서 좀 더 강력하게 주민 참여와 주민자치를 지향하고 있다는 것이다.

그러나 주민자치의 주체로서 역할이 취약하고, 주민자치 위원도 읍면동장이 위촉해 대표성이 취약할 뿐 아니라 자발적 참여 의식도 부족한 실정이다. 주민자치센터 운영과 관련해서 특히 주민자치위원회의 구성과 활동 문제가 중요한데 폐쇄적인 위원 구성, 위원회의 적극적 활동 결여, 위원의 역할에 대한 인식 부족 문제, 그리고 위원 간 또는 지방의회 등과의 갈등 등을 지적할 수 있다. 개정준칙에서는 주민자치위원회의 위상이 강화되고(의결 기능 추가), 지방의원이나 공직자의 참여를 제한하는 등 보완이 이뤄졌으나(행정자치부, 2002), 여전히 과거 동정자문위원이나 기존 관변단체 임원들로 채워지는 등 전문성이나 주민 참여라는 본래의 대표성에는 한계가 있는 것 또한 사실이다.

3) 주민자치회의 개요

「지방자치분권 및 지방행정체제 개편에 관한 특별법」과 행정안전부에서 2019년 1월 28일 홈페이지에 등록해 놓은 「주민자치회 시범 실시 및 설치, 운영에 관한 표준조례 개정안」(이하 표준조례 개정안)을 토대로 주민자치회의 개요를 살펴보면 다음과 같다. 그러나 주민자치회와 관련된 구체적인 내용은 위 특별법에 따라 자치단체별로 제정됐거나 제정될 「주민자치회 실시 및 설치, 운영에 관한 조례」에 따라 다양할 것이다.

(1) 기능

「지방자치분권 및 지방행정체제 개편에 관한 특별법」 제28조(주민자치회의 기능)

① 제27조에 따라 주민자치회가 설치되는 경우 관계 법령, 조례 또는 규칙으로 정하는 바에 따라 지방자치단체 사무의 일부를 주민자치회에 위임 또는 위탁할 수 있다.
② 주민자치회는 다음 각 호의 업무를 수행한다.
1. 주민자치회 구역 내의 주민 화합 및 발전을 위한 사항
2. 지방자치단체가 위임 또는 위탁하는 사무의 처리에 관한 사항
3. 그 밖에 관계 법령, 조례 또는 규칙으로 위임 또는 위탁한 사항

표준조례 개정안 제5조(기능)에 의하면 주민자치회는 위 특별법 제28조에 따라 다음 각 호의 업무를 수행한다.

① 협의 업무 : 읍·면·동(또는 동, 읍·면) 행정 기능 중 주민생활과 밀접한 관련이 있는 업무에 대한 협의
② 수탁 업무 : 시·군·구 및 읍·면·동(또는 동, 읍·면) 행정 기능 중 주민자치센터의 운영 등 주민의 권리·의무와 직접 관련되지 아니하는 업무의 수탁 처리
③ 주민자치 업무 : 주민총회 개최, 자치(마을)계획 수립, 마을축

제, 마을신문·소식지 발간, 기타 각종 교육활동, 행사 등 순수 근린자치 영역에서 수행하는 주민자치 업무

(2) 위원의 정수

위 표준조례 개정안 제6조(주민자치회 정수)에 의하면 주민자치회의 위원은 20명 이상 50명 이하로 구성한다. (※ 지역 여건에 따라 자율적으로 규모 결정)

(3) 위원의 자격

위 표준조례 개정안 제7조(위원의 자격)에 의하면,

① 주민자치회의 위원은 제9조에 따른 추천 또는 공개 모집한 날 현재 만 19세 이상의 사람으로서 다음 각 호 중 어느 하나의 자격을 갖추어야 한다. 다만, 「공직선거법」 제19조에 따라 피선거권이 없는 사람과 지방의회 의원은 주민자치회 위원으로 선정될 수 없다.

(※ 지역 여건에 따라 위원 자격 연령대 조정 가능, 연령대를 하향할 경우 단서 조항 수정 필요)

1. 해당 읍·면·동(또는 동, 읍·면)에 주민등록이 되어 있는 사람
2. 해당 읍·면·동(또는 동, 읍·면)에 사업장 주소를 두고 있는 사업장에 종사하는 사람
3. 해당 읍·면·동(또는 동, 읍·면)에 소재한 각급 학교, 기관, 단체의 임·직원

② 제1항 각 호에도 불구하고 둘 이상의 주민자치회의 위원으로 선정된 사람 및 제20조 제1항 제3호의 사유로 해촉된 사람은 해당 사유가 발생한 날부터 주민자치회의 위원 자격이 없는 것으로 본다.

(4) 위원의 구성

「지방자치분권 및 지방행정체제 개편에 관한 특별법」 제29조(주민자치회의 구성 등)

① 주민자치회의 위원은 조례로 정하는 바에 따라 지방자치단체의 장이 위촉한다.

② 제1항에 따라 위촉된 위원은 그 직무를 수행할 때에는 지역사회에 대한 봉사자로서 정치적 중립을 지켜야 하며 권한을 남용하여서는 아니 된다.

③ 주민자치회의 설치 시기, 구성, 재정 등 주민자치회의 설치 및 운영에 필요한 사항은 따로 법률로 정한다.

④ 행정안전부 장관은 주민자치회의 설치 및 운영에 참고하기 위하여 주민자치회를 시범적으로 설치·운영할 수 있으며, 이를 위한 행정적·재정적 지원을 할 수 있다.

(5) 위원의 선정

위 표준조례 개정안 제9조(위원의 선정) ① 주민자치회 위원은 다음 각 호에 해당하는 사람에 대해 공개 추첨으로 선정한다. 다만, 특정

성별이 각 호별 총원의 60퍼센트 이하가 되도록 하여야 하며, 사회적 약자 등 다양한 계층이 참여할 수 있도록 노력하여야 한다.
1. 공개모집에 신청하고 주민자치 교육과정을 이수한 사람
2. 당해 읍·면·동 소재 각급 학교·기관·단체 및 기타 읍·면·동장이 필요하다고 인정하는 주민공동조직 등에서 추천받아 주민자치 교육과정을 이수한 사람

(※ 각 호별 선정 비율은 자율적으로 결정하되, 1호 대상을 2호 대상보다 우선적으로 구성)

② 제1항 각 호의 주민자치 교육과정의 이수는 시장(또는 군수·구청장)이 인정하는 주민자치활동에 관한 기본교육과정을 최소 6시간 이상 사전 이수한 것을 의미한다.

③ 주민자치회는 제1항에서 선정된 주민자치회 위원 외에 제1항 각 호별 예비후보자 순위를 5명 이내에서 추첨으로 정한다.

④ 주민자치회는 제1항 및 제3항에 따른 주민자치회 위원과 예비후보자를 선정한 날로부터 10일 이내 그 명부를 시장(또는 군수·구청장)에게 제출하여야 한다.

⑤ 시장(또는 군수·구청장)은 명부 접수 후 20일 이내에 주민자치회 위원 선정 결과에 따라 주민자치회 위원을 위촉하여야 한다.

⑥ 주민자치회 위원의 사임 또는 해촉 등으로 인하여 결원이 발생한 경우에는 시장(또는 군수·구청장)이 다음 각 호의 방법에 따라 위촉한다. 다만, 전임 위원의 남은 임기가 6개월 미만인 경우에는 위촉하지 않는다.

1. 예비후보자가 있는 경우에는 명부 순위 순으로 위촉한다.
2. 예비후보자가 없는 경우에는 제9조 제1항 내지 제5항에 따라 위촉한다.

⑦ 시장(또는 군수·구청장)은 주민자치회 구성 후 주민자치회 위원에 대한 주요 인적 사항을 1개월 이내에 공고 등의 방법으로 해당 지역 주민에게 공개하여야 하며, 위원을 새로이 위촉한 경우에도 주요 인적 사항을 같은 방법에 따라 해당 지역 주민에게 공개하여야 한다.

⑧ 주민자치회 위원의 공정한 선정을 위하여 주민자치회 내에 위원 추천 운영위원회를 구성·운영할 수 있다.

⑨ 주민자치회 위원 구성 및 선출 방법 등에 관하여 필요한 세부적인 사항은 운영세칙으로 정한다. 다만, 주민자치회를 최초로 구성하는 경우 주민 의견 등을 수렴하여 해당 읍·면·동장이 정한다.

(6) 주민총회

위 표준조례 개정안 제2조 3항에 따르면 "주민총회"란 해당 읍·면·동 주민이면 누구나 참여하여 주민자치활동과 계획 등 자치 활동을 논의하고 결정하는 주민공론장을 말한다.

위 표준조례 개정안 제14조의2 (주민총회)에 따르면,

① 주민총회는 연 1회 이상 개최하며, 주민자치회에서 의결된 안건을 상정한다.

② 주민총회는 다음 각 호에 관한 사항을 결정하는 권한을 가지며, 제1항에 따라 상정된 안건은 참석 주민 과반수의 찬성으로 결정한다.
1. 주민자치회 활동 평가
2. 읍·면·동 행정사무에 대한 의견 제시
3. 읍·면·동의 다음 연도 자치(마을)계획안
4. 읍·면·동에 배정된 주민참여예산에 대한 편성안
5. 기타 지역 현안, 주민자치, 민관협력 등에 관한 사항의 보고와 결정 등

③ 주민자치회는 주민 참여와 숙의를 촉진하기 위하여 주민총회일 1개월 전부터 상정 안건 홍보, 주민설명회, 의견 수렴 등을 진행하여야 한다.

④ 주민자치회는 많은 주민들의 참여와 주민 합의를 형성하기 위하여 상정 안건에 대한 사전투표를 진행할 수 있다.

⑤ 주민자치회는 해당 읍·면·동의 관계 공무원에게 주민총회 출석을 요구할 수 있으며, 시장(또는 군수·구청장) 및 해당 읍·면·동장은 주민총회에 출석하여 발언할 수 있다.

⑥ 주민자치회는 주민총회에서 지역 주민이 직접 발언하고 의견을 제출할 수 있도록 기회를 보장하여야 한다.

⑦ 주민자치회는 주민총회 개최 후 14일 이내에 개최 결과 및 회의록을 작성하여 읍·면·동 게시판 또는 홈페이지 등에 30일 이상 공개한다.

4) 시범사업에 대한 평가와 과제

주민자치회는 2013년 5월에 제정된 「지방분권 및 지방행정체제 개편에 관한 특별법」 제27조(주민자치회의 설치)에서 처음 도입됐다. 2014년 1월 시범 실시하고, 2015년 주민자치회 관련 입법을 완료한 후 2016년 전면 실시할 예정이었다. 그러나 시범 실시의 성과가 부진해서 2018년 현재 시범지역을 95개 읍면동으로 확대해 시행하는 데 그치고 있다.

그간 주민자치회가 전면적으로 실시되지 못하는 가장 큰 이유는 주민의 자발적 참여와 대표성의 취약이다. 따라서 주민자치회의 활성화를 위해서는 그간의 경험을 토대로 다양한 주민의 자발적 참여를 이끌어 내야 할 것이다.

5) 주민자치회 우수 사례

행정안전부는 2018년 주민자치회 우수 사례를 전국적으로 공모해 이 중 12곳을 우수 사례로 선정했다(행정안전부, 2018). 이 중 3개 사례를 소개하면 다음과 같다.

* 주민자치회 우수 사례

1. 경북 안동시 강남동 주민자치회 : 직접 목화 재배사업을 통해 수확한 목화솜으로 천연 베개를 만들어 지역사회의 다자녀 가구 및 신생아에게 제공함으로써 지역 마을의 저출산 문제를 해결하는 데 앞장서고 있으며, 마을공원(원이 엄마 테마공원)이 주민들의 쉼터로서 제대로 기능할 수 있도록 잡초 제거, 쓰레기 수거, 거미줄 제거 등 환경정비사업을 진행하고 있다.

2. 광주 서구 금호1동 주민자치회 : 초등학교 4·5·6학년 학생들이 직접 마을에 필요한 안건을 제안하고 투표로 결정하는 학교별 마을총회를 개최해 민주주의 학습의 장을 마련했으며, 백석산 마특근린공원 특례사업 추진을 둘러싼 주민 간 갈등을 해소하기 위해 민·관 합동 토론회를 개최하고 사업 추진 방안을 협의했다.

3. 충남 논산시 벌곡면 주민자치회 : 관내 독거노인의 이불 등 세탁이 어려운 대용량 빨래를 직접 세탁해 제공함으로써 독거노인의 삶의 질 향상을 위해 노력하고 있으

며, 가정 형편상 친정에 방문하기 어려운 다문화 이주여성을 위해 매년 1팀을 선정해서 친정·외가 방문을 위한 항공비 지원하는 등 이웃사랑을 몸소 실천하고 있다.

MEMO

What is Local Autonomy?

지방자치단체 상호간의 협력은 어떻게 이뤄지는가?

지방자치단체는 자치계층에 따라 기초와 광역자치단체가 있으며 계층에 따라 주어진 사무를 처리한다. 그런데 기존 자치단체의 경계를 넘어서 발생하는 문제를 처리해야 하는 상황이 발생할 수 있다. 이런 경우에 지방자치단체 간의 협력의 문제가 발생한다. 현행 「지방자치법」은 이에 따라 "지방자치단체는 다른 지방자치단체로부터 사무의 공동 처리에 관한 요청이나 사무 처리에 관한 협의·조정·승인 또는 지원의 요청이 있는 때에는 법령의 범위 안에서 이에 협력하여야 한다."(지방자치법 제147조)고 규정하고 있다. 이같이 지방자치단체의 관할구역을 넘어서 발생하는 행정 수요를 처리하기 위해 등장하는 행정의 방식이 광역행정이다. 광역행정의 방식은 다음과 같다.

1) 사무위탁

지방자치단체 또는 그 장은 소관 사무의 일부를 다른 지방자치단체 또는 그 장에게 위탁해서 처리하게 할 수 있다. 이 경우 지방자치단체의 장은 사무위탁의 당사자가 시·도 또는 그 장인 경우에는 행정안전부 장관 및 관계 중앙행정기관의 장에게, 시·군 및 자치구 또는 그 장인 경우에는 시·도지사에게 이를 보고해야 한다(지방자치법 제151조).

타 지역 지방자치단체에 대한 사무위탁은 2017년 말 기준으로 총 27건이 이뤄지고 있으며, 분야별로는 상·하수 처리 13건, 쓰레기 처리 6건, 공동 화장시설 건립 1건, 교육훈련 3건, 기타 4건 등이다. 2017년에는 관악고용복지플러스센터 업무협약(관악-구로), 환경기초시설슬러지 위탁(가평-양평), 군포환경관리소 광역 이용(의왕시-군포시), 복지업무에 관한 위탁(청송-안동) 등의 사무위탁이 새로 체결됐다(행정안전부, 2018a: 50).

2) 행정협의회

지방자치단체는 2개 이상의 지방자치단체에 관련된 사무의 일부를 공동으로 처리하기 위해 관계 지방자치단체 간의 행정협의회를 구성할 수 있다(지방자치법 제152조 ①). 행정협의회는 「지방자치법」 제152조를 근거로 2개 이상의 지방자치단체에 관련된 사무의 일부를 공동으로 처리하기 위해 구성하며, 사전 협의, 협의회 규약 작성과 지방의회 의결, 고시, 상급기관에 대한 보고(시·도 → 중앙부처, 시·군·구 → 시·도) 순의 절차를 거쳐 구성된다. 협의회의 규약에는 명칭, 구성 지방자치단체, 조직과 회장 및 위원의 선임 방법, 경비의 부담이나 지출 방법 등을 포함해야 한다.

2017년 말 현재 광역단위의 행정협의회(시·도가 구성원)는 충청권행정협의회 등 19개, 기초 단위의 행정협의회(시·군·구가 구성원)는 경기 중부권행정협의회 등 83개로 총 102개의 '행정협의회'가 운영되고 있다. 2017년의 경우 '동해남부권해오름동맹상생협의회', 경상북도 중·서부권행정협의회', '충청산업문화철도행정협의회'가 신규로 구성되는 등 '행정협의회'가 자치단체 간 공동 관심 사안에 대한 상생협력의 유용한 제도적 장치로 활용되고 있다(행정안전부, 2018a:50).

*"섬진강 살릴 대책 정부가 제시하라"

경남 하동·남해군, 전남 광양·순천시와 구례군 등 11개 자치단체가 1997년 구성한 섬진강환경행정협의회는 10일 서울 국회에서 섬진강 선언식을 열었다. 이 협의회는 그동안 섬진강의 효율적 이용과 보전·관리를 위해 섬진강 살리기 연구용역, 수질 개선 계획 수립 등을 해 왔다.

협의회는 이에 따라 우선 섬진강 현황에 대한 종합조사사업

> 을 촉구했다. 실태조사가 이뤄지지 않아 체계적인 이용과 보
> 전, 관리 대책에 어려움이 많다는 이유에서다. 하천 유지 수량
> 부족으로 생태·환경적 문제가 발생하고 있다며 현실에 맞는
> 수량 확보 대책과 용수 배분 계획의 재수립도 요구했다. 수자
> 원의 지나친 이용으로 수질이 나빠지고 있는 점도 문제점으로
> 제기됐다. 수질 관리를 위한 환경기초시설 설치에 정부의 재정
> 지원 확대를 요구한 것이다(중앙일보, 2013.09.11).

3) 지방자치단체조합

지방자치단체조합은 「지방자치법」 제159조를 근거로 2개 이상의 지방자치단체에서 하나 또는 둘 이상의 사무를 공동으로 처리할 필요가 있을 때 지방자치단체 간 규약을 정한 후, 지방의회 의결을 거쳐 승인(시·도는 행정안전부 장관, 시·군·구는 시·도지사)을 받아 설립할 수 있다.

1991년 수도권매립지운영관리조합을 시작으로 지금까지 총 11개의 지방자치단체조합이 설립됐으며, 이 중 수도권매립운영관리조합이 수도권매립지공사로 전환(2000.7.22)되고, 자치정보화조합이 특수법인인 한국지역정보개발원으로 전환(2008.2.21)됐으며, 조합 운영의 목적이 달성된 '부산·거제간 연결도로건설조합'(2011.6.8), '부산·김해경량전철조합'(2011.12.29), '황해경제자유구역청'(2014.12.30)이 해산돼 현재는 수도권 교통본부(2005.2.4. 승인) 등 6개의 지방자치단체조합이

운영되고 있다(행정안전부, 2018a: 51).

4) 지방자치단체장 등의 협의체

지방자치단체장 또는 지방의회 의장은 상호간의 교류와 협력을 증진하고 공동의 문제를 협의하기 위해 시·도지사, 시·도의회의 의장, 시장·군수·자치구의 구청장, 시·군·자치구의회의 의장에 의한 전국적인 협의체를 설립할 수 있다. 협의회를 설립한 때에는 당해 협의회의 대표자는 이를 지체 없이 행정안전부 장관에게 신고해야 한다(지방자치법 제165조 ①).

＊전국시도지사협의회 – 영유아 무상보육 국비사업 전환해야

전국시도지사협의회는 영유아 무상보육 사업이 이대로 가면 지방재정 부담으로 6~7월이면 중단될 수밖에 없다며 전액 국비사업으로 전환하라고 촉구했다. 이들은 중앙정부가 협의 없이 지방정부에 행정·재정적 의무를 부과하면 더 이상 협조하지 않겠다고 밝혔다. 협의회는 2012년 3월 29일 서울 중구 프레스센터에서 기자회견을 갖고 "영유아 무상보육의 중단 없는 추진을 위한 중앙정부의 대책 마련을 촉구한다"고 밝혔다.

협의회는 "영유아 무상보육 사업을 위한 재원이 오는 6~7월이면 고갈되는데 정부는 22일 발표한 보육서비스 개선대책에 구체적인 지방재정 부담 경감 대책을 넣지 않았다"며 "영유아 무상보육은 선택적 복지가 아니라 보편적 복지이므로 전액 국비사업으로 전환해야 한다"고 촉구했다. 또 국회와 중앙정부가 지방재정에 심각한 영향을 미치는 사안을 결정할 때는 지방정부와 반드시 사전에 협의해야 한다는 점을 강조하면서 "협의 없이 지방정부에 행정 및 재정적 의무를 부과할 경우 이에 더 이상 협조하지 않겠다"고 밝혔다(연합뉴스, 2012.03.29).

5) 지위 흡수

1961년 9월에 공포된 「지방자치에 관한 임시조치법」에서 기초자치단체였던 읍과 면의 자치단체로서의 지위를 군이 흡수한 것이 그 예다.

6) 구역 확장

대도시권에서 발생하는 광역적 문제를 해결하기 위해 주변 지역을 대도시에 편입하는 방식이다. 서울특별시와 광역시는 대체로 구역 확장을 통해 광역적 문제를 해결해 왔다.

7) 시·군 통합

농촌지역에서 분리된 시가 주변의 군 지역과 공존하지 못하고 오히려 시·군 간의 대립으로 인해 행정의 비능률을 초래했고, 지역 간의 격차가 심해지는 부작용이 발생해 추진된 것이 도시와 농촌 간의 자치구역 통합이다.

> **＊이천에 광역소각장 건립**(자치단체 간의 협력 사례)
>
> 　경기도 동부지역의 5개 시·군(이천시, 광주시, 하남시, 여주군, 양평군)에서 나오는 쓰레기를 한데 모아 처리하는 대규모 광역소각장 설치를 위해 해당 자치단체들과 주민들은 5년에 걸쳐 논의한 끝에 2005년 5월 원만한 합의에 이르렀다. 건립 비용(828억 원)의 75%는 국비와 도비로, 나머지 추가 비용은 건립 부지를 제공하는 이천시를 제외한 4개 시·군이 공동 부담하기로 했다(중앙일보, 2005.05.04).

What is Local Autonomy?

지방자치단체 간의 분쟁은 어떻게 해결되는가?

1) 분쟁의 유형

지방자치단체 상호간의 분쟁은 광역과 기초 간, 광역 상호간 및 기초 상호간, 타 광역과 기초 간, 타 광역 내 기초 간의 분쟁으로 나눌 수 있다.

* **목동 알짜 땅, 시·양천구 15년 싸움**(서울시-양천구)
　서울시와 양천구가 목동의 금싸라기 땅의 용도와 개발 방

향을 놓고 15년째 갈등을 빚고 있다. 원래 이 땅은 서울시 소유였지만 1998년 66억 원을 받고 양천구에 매각했다. 당시 감정가는 480억 원이었으나 '지역경제 발전을 위한 도시형 공장 설립'을 조건으로 싸게 넘긴 것이었다. 하지만 소유권을 확보한 양천구는 1999년 일부 부지(1만 578㎡)를 대형마트에 2024년까지 임대했다. 서울시와의 계약 조건을 위반한 셈이었으나 양천구는 소유권이 이전된 후라서 문제될 게 없다고 판단했다. 실제로 서울시는 당시 매매 계약서에 "지정 목적대로 부지를 사용하지 않을 경우 매매 계약을 해제할 수 있다"는 단서를 달았지만 이 단서는 소유권 이전 후에는 적용되지 않도록 돼 있었다.

　서울시와 양천구는 지난해 이 문제를 놓고 다시 충돌했다. 양천구가 임대계약을 체결하고 남은 땅(8,594㎡)에 대한 매각 계획을 세우면서다. 구청은 매각 금액 전부를 구민들을 위해 사용할 계획이라는 논리를 내세웠다. 서울시는 부지의 공공성을 고려해 구체적인 개발 계획을 구청이 내놔야 한다는 입장이다. 서울시 조영국 택지개발팀장은 "구청이 개발 계획을 수립하면 용도 변경은 가능하다"고 말했다. 또 다른 서울시 관계자는 "공공도서관 등 공공의 이익을 위해 사용할 수 있는 방법이 있지만 무턱대고 매각을 추진해 문제가 된 것"이라고 말했다(중앙일보, 2013.12.17).

> **＊벽제 승화원 부대시설 운영권, 고양시민 품으로**(서울시-고양시)
>
> 　서울시가 경기도 고양시에 있는 서울시 소유의 기피시설(님비·NIMBY)을 현대화하고, 일부 부대시설의 운영권을 고양시민에게 이관한다. 박원순 서울시장과 최성 고양시장은 2일 고양시 덕양구 현천동 난지물재생센터에서 '서울시-고양시 상생발전 공동 합의문'을 맺었다. 고양시에는 서울시가 운영하는 난지물재생센터(하수처리장)와 벽제승화원(화장장·묘지·봉안당) 등으로 인해 인근에 거주하는 주민의 반발이 지속됐다.
>
> 　합의문에 따라 이날부터 승화원의 부대시설인 식당·매점·자판기의 운영권이 순차적으로 고양시민에게 이관된다. 고양시민이 서울시립 시설물을 이용할 때도 요금·시간 등에서 서울시민과 동등한 혜택을 받는다. 시설물에서 일하는 직원을 채용할 경우 인근 주민에게 우선권을 준다. 서울시는 중장기적으로 시설물의 현대화를 추진하기로 했다〈중앙일보, 2012.05.03〉.

2) 분쟁조정제도

(1) 감독기관의 분쟁 조정

　지방자치단체 상호간 또는 지방자치단체장 상호간에 분쟁이 발생했을 때에 시·도 또는 그 장이 당사자인 때에는 행정안전부 장관이, 시·군·자치구 또는 그 장이 당사자인 때에는 시·도지사가 당사자의 신청에 의해 이를 조정할 수 있다. 다만, 분쟁이 공익을 현저히 저해해서 조속한 조정이 필요하다고 인정되는 경우에는 당사자의 신청이 없는 때에도 직권으로 이를 조정할 수 있다(지방자치법 제148조 ①). 행정안전부 장관 또는 시·도지사가 분쟁을 조정하고자 할 때는 관계 중앙행정기관의 장과 협의를 거쳐 지방자치단체 분쟁조정위원회의 의결에 따라 조정해야 한다(지방자치법 제148조 ③).

(2) 지방자치단체 중앙조정위원회

중앙분쟁조정위원회(지방자치법 제149조)는 시·도 간, 시·도를 달리하는 시·군 및 자치구 간, 또는 시·도와 시·군 및 자치구 간의 분쟁 조정과 공유수면 매립지 등 신규 토지의 관할 지방자치단체 결정 등을 주요 기능으로 하고 있다.

지방자치단체 간 분쟁의 경우 위원회는 분쟁 당사자의 신청 또는 직권으로 조정 결정을 하며, 지방자치단체의 장은 그 결정 사항을 이행해야 하고, 불이행 시 이행명령과 대집행을 할 수 있도록 규정하고 있다. 공유수면 매립지 등 신규 토지의 관할 지방자치단체 결정의 경우 위원회에서 의결하면 행정안전부 장관은 이에 근거해서 관할 지방자치단체를 결정토록 하고 있다.

2000년 4월 25일 위원회 구성 이후 2017년까지 총 20건(조정 12건, 각하 2건, 취하 5건, 기각 1건)의 지방자치단체 간 분쟁을 처리했다. 2009년 4월 1일 「지방자치법」 제4조를 매립지 및 등록이 누락된 토지 등 신규 토지 관할을 중앙분쟁조정위원회의 심의·의결에 따라 행정안전부 장관이 결정하도록 개정함에 따라, 2017년까지 총 240건의 신규 토지에 대해 귀속 지방자치단체를 결정했다.

2017년 개화천변 침수 방지 협약 위반 분쟁, 자동차 면허세 감소분 보전 분쟁 등은 단순 의결이 아닌 당사자 간 합의를 통한 조정권고안을 마련해 분쟁을 해결하는 성과를 거뒀다. 경기 광명시와 서울시 간에 발생한 개화천변 침수 방지 협약 위반 분쟁은 광명시가 서울시의 개봉1빗물펌프장 운영 부실을 이유로 약 20억 원의 분담금 납부를 거부하고, 서울시의 펌프장 운영 개선 방안 마련을 요청했으나 서울시가 이를 거부함에 따라 발생한 분쟁이었다. 중앙분쟁조정위원회의 권고에 따라 광명시가 분담금을 납부하기로 하고, 펌프장의 운영 방안 개선을 위한 공동 용역을 실시하기로 당사자 간 합의해 분쟁이 해결됐다.

인천 8개 자치구와 인천시 간에 발생한 자동차면허세 감소분 보전 분쟁은 2001년 자동차면허세(자치구세)가 폐지되고 자동차세(시세)로 편입됨에 따라 발생한 자치구의 지방세 감소분(2002~2015년, 1,355억 원)에 대해 인천 8개 자치구가 인천시에 보전을 요구했으나 인천시가 법령상 보전 의무가 없다는 이유로 거부함에 따라 발생한 분쟁이었다. 중앙분쟁조정위원회는 여덟 차례의 실무조정회의 개최 등을 통해 8개 자치구는 과거 미보전분을 받지 않고 인천시가 2017년 7월부터 자동차면허세 감소분을 8개 자치구에 보전토록 하는 조정안을 마련해서 양 당사자가 이를 최종 수용함에 따라 분쟁이 해소됐다(행정안전부, 2018a:53-54).

(3) 환경분쟁조정위원회

환경오염에 따른 분쟁의 조정을 위해 환경부에 중앙환경분쟁조정위원회를, 시·도에는 지방환경분쟁조정위원회를 둔다(환경분쟁조정법 제4조). 환경분쟁조정위원회는 중대한 환경 피해가 발생해 이를 방치하면 사회적으로 중대한 영향을 미칠 우려가 있다고 인정되는 경우의 분쟁으로서 대통령령이 정하는 분쟁에 대해서는 당사자의 신청이 없는 경우에도 직권으로 조정 절차를 개시할 수 있다(환경분쟁조정법 제30조).

(4) 헌법재판소

헌법재판소는 지방자치단체 상호간의 권한 쟁의에 관한 심판을 관장한다(헌법 제111조 ①의 4). 지방자치단체 상호간에 권한과 의무의 존재 여부 또는 범위·내용에 관해 분쟁이 발생한 경우에는 헌법재판소가 이를 해석·심판해 분쟁을 해결하고 있다(헌법재판소법 제62조).

19
What is Local Autonomy?

국가와 지방자치단체 간에는 어떤 관계가 있는가?

1) 정부 간 관계 유형

중앙정부와 지방정부 간의 관계는 각국의 정치적 전통에 따라 다양하다. 민주주의와 지방자치의 전통이 강한 나라일수록 중앙정부와 지방정부의 관계가 상호 대등한 동반자적 관계를 유지하고, 그렇지 않을수록 수직적 상하 관계를 유지한다. 우리나라의 경우 지방자치가 실시되기 이전에는 중앙과 지방의 관계가 수직적 상하 관계에 있었다고 할 수 있으나 지방자치가 실시됨에 따라 중앙정부에 대한 지방자치단체의 지위가 점차 강화되는 추세에 있다.

2) 중앙통제의 의의

지방자치단체는 국가의 한 부분으로 존재하므로 중앙정부와 분리해서 존재할 수 없다. 따라서 중앙정부는 국가 전체의 균형적 발전을 위해 지방자치단체에 대해 지원과 통제를 행할 필요가 제기된다. 중앙통제는 중앙정부(입법부, 사법부, 행정부)의 지방자치단체에 대한 통제를 의미한다. 중앙통제는 지방자치단체의 자치권 내지 독자성을 가능한 한 존중하면서 국가 전체의 균형을 확보하는 분권과 집권의 공존 및 조화를 지향하는 것이다.

3) 목적
(1) 국가적 통일성의 유지

지방행정서비스의 질적 수준은 지방 재정력에 의존한다. 그런데 지방자치단체 간의 재정력의 격차로 인해 자치단체별로 복지 수준, 교육 수준, 보건·위생 수준의 격차가 발생할 수 있다. 그런데 모든 자치단체가 반드시 제공해야 할 국민적 최저 수준(national minimum)을 충족시키기 위해서는 중앙정부의 통제와 지원이 필요하다.

(2) 국가 이익과 지역 이익의 조정

국가 전체적으로 필요한 발전소, 군사시설, 공항, 철도 등의 건설에 대해 지방자치단체가 지역이기주의에 의해 반대하는 경우 중앙정부는 국가 전체적인 이익과 지방의 이익에 대한 조정을 통해 국책사업을 추진할 필요가 있다.

(3) 지역 간 불균형 해소

각 지방의 부존자원이나 입지 조건이 다양하므로 지역 간의 발전 정도의 격차는 불가피하다. 따라서 중앙정부가 국가 전체의 균형적 발전을 위해 낙후된 지역에 대한 재정적·행정적 지원을 기울이지 않으면 지역 간의 격차는 더욱 심화된다.

> *물가 안정 무심한 지자체에 예산 지원 삭감 추진
>
> 정부가 물가 안정에 비협조적인 지방자치단체의 내년 예산 지원을 삭감하는 방안을 추진한다. 최근 서울시가 정부 권고를 무시하고 2012년 2월 25일부터 버스·지하철 요금을 150원 올린 것이 계기가 됐다. 2012년 2월 26일 기획재정부, 행정안전부 등에 따르면, 정부는 지난 24일 행안부가 개최한 시도 행정부지사회의에서 이 같은 방침을 하달하며 각 지자체에 '협조'를 당부했다. 정부 고위관계자는 "물가관리를 잘하는 지자체에 인센티브 예산(1,000억 원)을 주는 것만으로는 지방의 공공요금 인상을 억제하기가 어렵다고 판단해 내린 결정이다. 현재 각 부처별로 어떤 지자체 사업을 예산 통제 대상으로 할지 의견을 파악 중"이라고 말했다. 이와 관련, 정부는 지자체가 추진 중인 수도, 도로, 철도 등 SOC(사회간접자본) 사업 관련 국고보조를 최우선적으로 물가 안정 동참 여부와 연결시켜 예산지원액을 조절하겠다는 입장이다(조선일보, 2012.02.27).

* **"안양시 인사"에 대한 시정 요구**

　최대호 안양시장이 행정안전부의 인사 취소 요구와 관련, "현 시점에서는 받아들일 수 없다"며 사실상 거부해 파문이 확산되고 있다. 이에 따라 행안부의 요구를 받은 경기도가 안양시에 '위법 인사' 취소 및 관련 공무원 징계를 요구하고 나섰다. 최 시장은 2010년 8월 9일 기자 간담회를 갖고 "단체장에게 부여된 인사권을 전면 부정할 정도로 중대한 사안이라고 생각하지 않는다"고 주장했다. 이어 "이번 인사를 취소하라는 행안부의 시정명령은 시장의 인사 재량권을 현격히 침해하는 것"이라며 "행안부의 시정명령 적법 여부는 사법부의 판단이 필요하다"며 법적 소송도 불사하겠다는 입장을 내비쳤다.

　　이에 도는 안양시에 '위법 인사' 취소 및 관련 공무원 징계를 요구했으며, 인사를 취소하지 않을 경우 도지사가 직권으로 인사를 취소할 것이라며 강경 입장을 내비쳤다. 도는 위법하게 전보 발령된 5명의 인사 발령을 취소한 뒤 즉시 원상회복시키고, 대기발령자 1명에 대해서는 보직을 부여하라고 요구했다. 이어 "인사위원장인 부시장의 의견을 무시하고, 인사위원회의 심의를 거치지 않은 채 담당 국장에게 직접 지시해 위법하게 인사를 했다"며 최 시장에게는 경고를, 행정지원국장은 경징계, 담당 과장·계장·실무자에 대해서는 훈계 조치토록 했다. 도지사의 직권 조치에 이의가 있을 경우 시는 처분 후 15일 이내 대법원에 행정소송을 제기할 수 있다(경인일보, 2010.08.10).

＊교육과학기술부의 경기도 교육감에 대한 직무이행명령

    대법원 1부(주심 김창석 대법관)는 27일 "전교조 교사 징계를 요구한 교과부의 직무이행명령을 취소하라"며 김 교육감이 낸 소송에서 원고 패소 판결했다. 양측의 대립은 2009년 6월 전국교직원노동조합이 이명박 정부의 정국 운영을 비판하는 시국선언을 발표하고, 이에 서명한 교사 1만 6,171명의 명단을 공개하면서 시작됐다. 검찰은 시국선언을 주도한 경기지역 교사 14명을 국가공무원법 위반(집단행위 금지) 혐의로 기소하고 경기교육청에 통보했다. 하지만 경기교육청은 이 중 2명만 경징계하고 나머지 교사에게는 주의·경고 처분을 내렸다. 그러자 교과부가 다른 교육청 소속 교사들과의 형평성 문제를 들어 김 교육감에게 중징계 의결을 하라고 시정명령을 내렸다. 이에 반발해 김 교육감은 직무명령을 취소하라는 소송을 냈다(중앙일보, 2013.06.28).

＊복지부 "경남도, 진주의료원 폐원 재의하라"

　보건복지부는 13일 경상남도에 진주의료원 해산조례 재의(再議)를 요청하라고 통보했다. 지난 11일 경상남도 의회를 통과한 진주의료원 폐원 조례에 문제가 있으니 다시 심의해 달라고 의회에 요청하라고 압박한 것이다. 이와 관련해 홍준표 경남도지사는 "(조례 통과의) 법령 위반 여부를 따진 뒤 재의 요청 여부를 결정하겠다"고 밝혔다. 만약 홍 지사가 복지부의 요청을 거부하면 복지부는 대법원에 제소(조례무효 확인소송)할 방침이다.

　복지부는 이날 의료법ㆍ지방자치법ㆍ보조금관리법 등 관련 법률을 총동원해 폐원 의결의 부당성을 지적했다. 현행「지방자치법」(172조)은 지방의회 의결이 법령에 위반하거나 공익을 현저히 해친다고 판단되면 재의 요구를 할 수 있게 돼 있다. 이 요구가 있으면 지자체장은 20일 이내에 재의를 요구해야 한다. 재의 요구가 있으면 지방의회는 재적 의원의 과반수가 출석하고 출석 의원 3분의 2 이상이 찬성해야 의결할 수 있다(중앙일보, 2013.06.14).

＊파산 졸업했지만…갈 길 먼 디트로이트

　미국의 지방자치단체로는 역대 최대 규모의 부채를 안고

2013년 7월 파산했던 디트로이트 시가 최근 파산 상태에서 벗어났지만 정상적인 모습을 찾기까지는 적잖은 시간과 노력이 필요할 것으로 보인다. 2014년 11월 11일(현지 시각) 『파이낸셜타임스』는 미국 파산법원의 미시간 동부지원이 11월 7일 디트로이트 시가 제안한 180억 달러(약 20조 원) 규모의 채무 해결 방안과 파산보호(챕터 9) 졸업 계획안을 승인했다고 밝혔다. 신문은 그러나 당시 승인 판결을 내린 스티븐 로즈 판사의 판결문을 인용, "디트로이트의 행정서비스는 지난 몇 년간 낙제 수준이었다"면서 "참고 지낼 수 없을 만큼 비인간적인 수준이어서 반드시 개선해야 한다"고 말했다. 한때 '모터 시티'로 불리며 세계 자동차 산업의 중심지 역할을 했던 디트로이트는 생산시설 이전과 함께 인구 이탈 현상이 가속화되면서 세수와 투자가 감소한데다, 방만한 예산 집행과 부정부패까지 겹치면서 재정 위기를 맞았다.

1950년대 185만 명에 달했던 인구는 지난해 68만 8,000명으로 감소했고, 실업률은 미국 전체 평균의 2배가 넘는 14.9%를 기록하고 있다. 특히 2008~2012년 사이 가구당 소득 중간 값이 2만 6,955달러(약 2,900만 원)에 불과한데다 빈곤선(poverty line) 이하 수입으로 생활하는 가구 비율이 38.1%에 달한 것으로 나타나 경제적인 어려움이 심각한 수준임을 보여줬다(조선일보, 2014.11.11).

＊나주·함평, 산업단지 편법 조성… 감사원, 지자체장 등 6명 고발

　감사원은 20일 전국 244개 지자체의 주요 투자사업 감사 결과를 발표하며 졸속으로 사업을 추진한 지자체장 등 6명을 검찰에 고발했다고 밝혔다. 감사원에 따르면, 전남 나주시는 2011년 사업 타당성 조사와 중앙정부의 투·융자 심사도 거치지 않고 2,650억 원 규모의 미래일반산업단지 조성을 추진했다. 나주시는 또 지방의회 승인을 받아야 하는 지방채를 발행하지 않고, 금융 계통 특수목적법인(SPC)에서 1,735억 원을 투자받는 식으로 사업을 진행했다. 감사원 관계자는 "나주시가 특수목적법인이 금융기관에서 빌린 투자금에 대해 채무보증을 섰기 때문에 사실상 나주시 부담으로 사업을 벌인 것"이라고 했다.

　전남 함평군도 2011년 사업 타당성 조사도 하지 않고 한 건설사에서 550억 원을 투자받는 형식으로 동함평산업단지 조성을 추진했다. 건설사가 빌린 투자금 전액은 함평군이 채무보증을 했기 때문에 지방채 발행보다 예산 55억 원을 더 지출했다고 감사원은 전했다. 감사원 관계자는 "경기 시흥시는 2009년 지방채 3,000억 원을 발행해 신도시 사업을 추진했지만, 사업 타당성 조사를 제대로 하지 않아 사업 부지의 94%가 미분양 상태"이고 작년 말까지 지방채 발행으로 인한 이자만 610억 원을 지급한 것으로 드러났다(조선일보, 2013.06.21).

What is Local Autonomy?

국가와 지방자치단체 간의 분쟁은 어떻게 해결하는가?

중앙행정기관과 지방자치단체 간 사무를 처리할 때 의견을 달리하는 경우 이를 협의·조정하기 위해 국무총리 소속으로 '행정협의조정위원회'가 설치·운영(「지방자치법」 제168조)되고 있다. 위원회는 당사자 신청에 따라 협의·조정을 하며, 위원회의 결정 사항은 당해 기관이 이행토록 규정(「지방자치법 시행령」 제105조)하고 있으나, 불이행 시 이행강제를 위한 절차는 규정하고 있지 않다. 2000년 5월 13일 위원회가 처음 구성된 이후 2017년 12월 말 현재 16건(조정 7건, 각하 3건, 취하 6건)의 분쟁을 처리했다.

2012년에는 법무부에서 신청한 안양교도소 재건축 협의를 안양시에서 불가 처리함에 따라 건물 노후화에 따른 재건축 긴급성을 사유로 법무부에서 협의 불가 처분 취소를 요구하는 분쟁 조정을 신청했다. 행정협의조정위원회는 2012년 1월 30일 인접 유휴부지에 지역주민 편의시설을 법무부에서 제공하는 조건으로 안양시에서 재건축을 허용하도록 하는 조정 결정을 했다. 그러나 이후 안양시에서 재건축 협의를 이행하지 않는 등 이행강제력 부재 등의 문제점이 나타나면서 이행강제 절차 도입 등 '행정협의조정위원회'의 기능 강화를 위한 제도 개선의 필요성이 제기되고 있다(행정안전부, 2018a: 52).

〈표 20-1〉 행정협의조정위원회 운영 실적

사건명	당사자	결정 내용
군산 개야도 어업권 손실 보상	군산시 → 건교부	조정 (2001.11.7.)
난지도 폐가전처리시설 보상	환경부 → 서울시	실무조정 수용, 취하 (2001.11.7.)
포항 정치어업망 손실보상금(1)	포항시 → 해수부	실무조정 수용, 취하 (2003.6.4.)
포항 정치어업망 손실보상금(2)	포항시 → 해수부	실무조정 수용, 취하 (2003.6.4.)
지하철 분당선 개포1·2역 사업비 분담	철도청 → 서울시, 토지공사	조정 (2003.6.4.)
경부고속철도 제4-1공구 역명칭 선정	아산시 → 건교부	각하 (2003.8.26.)
경인2복선 전철사업비 분담	철도청 → 부천시	실무조정 수용, 취하 (2004.10.19.)
녹산국가산어단지 해안변 방재대책	부산시 → 건교부, 산자부	조정 (2005.9.14.)
신항만 명칭	해수부 → 부산시, 경남도	각하 (2005.9.14.)

자료: 행정안전부(2018a: 52).

What is Local Autonomy?

지방재정이란 무엇인가?

지방자치단체는 자치권의 하나로서 자치재정권을 가지고 있다. 따라서 지방재정은 자치재정권을 가진 지방자치단체가 경제 주체로서 수행하는 종합적인 활동을 의미한다. 좀 더 구체적으로 설명하면, 지방자치단체가 관할구역 안의 주민들이 요구하는 공적인 재화와 서비스를 제공하기 위한 재원의 동원, 관리, 배분 등의 경제 활동을 의미한다.

지방재정은 지방자치의 취지에 따라 지방의 창의와 책임에 의해 자주적으로 운영돼야 한다. 그러나 지방 재원이 풍부하고 세출을 탄력적으로 집행할 만한 충분한 여건을 갖춘 경우는 드물기 때문에 국가의 지원이 필요하다.

1) 국가재정과 지방재정의 규모 비교

국가예산과 지방예산(자치단체+지방교육)의 비율은 〈표 21-1〉과 같이 54.4:45.6이지만 재정사용액을 기준으로 보면 〈표 21-2〉와 같이 39.5:60.5다.

〈표 21-1〉 국가예산과 지방예산 비율

● 국가예산 대 지방예산 비율 : 예산규모 기준 → 54.4 : 34.7 : 10.9 (중앙정부 : 자치단체 : 지방교육)

(단위: 억 원, %)

구분	2013년	2014년	2015년	2016년	2017년	2018년
중앙정부	2,636,038	2,746,673	2,862,938	2,957,207	3,031,432	3,308,414
(비중)	(55.9)	(55.9)	(55.7)	(55.1)	(54.6)	(54.4)
자치단체	1,568,887	1,635,793	1,732,590	1,845,825	1,931,532	2,106,784
(비중)	(33.2)	(33.3)	(33.7)	(34.4)	(34.8)	(34.7)
지방교육	514,496	529,028	543,341	561,349	590,660	662,216
(비중)	(10.9)	(10.8)	(10.6)	(10.5)	(10.6)	(10.9)

자료:행정안전부(2018b: 24).

〈표 21-2〉 국가예산과 지방예산(재정사용액 기준)

● 총 재정사용액 기준 → 39.5 : 45.4 : 15.1 (중앙정부 : 자치단체 : 지방교육)

(단위 : 억 원, %)

구분	2013년	2014년	2015년	2016년	2017년	2018년
중앙정부	1,525,707	1,579,905	1,669,023	1,722,733	1,691,075	1,812,512
(비중)	(42.6)	(42.3)	(42.5)	(41.9)	(40.0)	(39.5)
자치단체	1,509,667	1,600,229	1,694,587	1,808,523	1,907,660	2,080,476
(비중)	(42.1)	(42.8)	(43.1)	(43.9)	(45.1)	(45.4)
지방교육	549,625	558,879	563,503	582,628	629,893	693,822
(비중)	(15.3)	(14.9)	(14.4)	(14.2)	(14.9)	(15.1)

자료:행정안전부(2018b: 24).

2) 중앙정부의 지방재정 지원 현황

2018년도 기준 중앙정부가 지방자치단체와 지방교육자치단체에 지원한 내역은 〈표 21-3〉과 같다.

〈표 21-3〉 중앙정부의 지방재정 지원

● 2018년도 국가와 지방자치단체의 재정사용액 세부 내역(순계예산 기준)

(단위: 억 원)

구분		중앙정부	자치단체	지방교육
예산서상 규모 6,077,414		3,308,414(54.4%)	2,106,784(34.7%)	662,216(10.9%)
이전재원공제내역	계 (△1,490,604)	△1,495,902	△26,308	31,606
	① 중앙정부 → 자치단체	△960,251 ┌지방교부세 459,805 └국고보조금 500,446	(858,760) ⊕101,491[1)] ┌지방교부세 378,699 └국고보조금 480,061	―
	② 중앙정부 → 지방교육	△535,651 ┌교육교부금 534,334* └교육보조금 1,317 *유아교육지원특별 38,927포함	―	(511,143) ⊕24,508 ┌교육교부금 470,752 ├교육보조금 1,700 └특별회계전입금 38,691
	③ 자치단체 → 지방교육	―	△127,799 ┌전출금(의무) 103,958 └보조금(재량) 23,841	(120,701) ⊕7,098[2)] ┌전출금(의무) 110,796 └보조금(재량) 9,905
재정사용액 4,586,810		1,812,512(39.5%)	2,080,476(45.4%)	693,822(15.1%)

주1) 중앙정부-자치단체 간 이전재원 차이(101,491억 원)는 자치단체에서 지방교부세와 국고보조금을 예산 편성 시 적게 반영한 금액임. [중앙정부-지방교육청 간 이전재원 차이(24,508억 원)도 동일].
주2) 자치단체-지방교육 간 이전재원 차이(7,098억 원)는 지방교육청에서 자치단체 이전재원 예측을 보수적으로 함에 따라 적게 반영한 금액임.

자료: 행정안전부(2018b: 25).

What is Local Autonomy?

지방재정자립도란 무엇인가?

1) 지방재정자립도의 개념

지방재정력은 "지방자치단체가 관할구역의 공공서비스를 공급하는 데 필요한 재정 수요를 충족시키는 데 필요한 재원을 자주적으로 조달할 수 있는 능력을 의미한다"고 할 수 있다. 지방자치단체의 재정적 능력을 나타내는 지표로 자주 사용되는 것이 지방재정자립도다.

지방재정자립도의 개념은 지방자치단체의 예산 규모에서 자체수입이 차지하는 비율을 의미한다. 즉, 예산 규모에서 지방세 수입(地方稅收入)과 세외수입(稅外收入)의 합계액이 차지하는 비율을 의미한다.

$$지방재정자립도(\%) = \frac{지방세\ 수입 + 세외수입}{자치단체\ 예산\ 규모} \times 100$$

* 지방세: 보통세+목적세(지방교육세 제외)+과년도 수입
* 세외 수입: 경상적 세외수입+임시적 세외 수입
* 자치단체 예산 규모: 지방세(지방교육세 제외)+세외수입+지방교부세+조정교부금 및 재정보전금+보조금+지방채+보전수입 등 및 내부거래

2) 지방재정자립도의 개념상 문제점

(1) 재정 규모의 무시

지방재정자립도는 지방자치단체의 재정 규모는 고려하지 않고 비율만 나타낸다. 그러나 재정자립도가 유사하다고 자치단체의 재정력이 유사한 것은 아니다. 재정자립도가 같다면 재정 규모가 클수록 재정력이 크다고 봐야 할 것이다.

(2) 세출 구조의 무시

지방재정자립도는 경상적 경비와 임시적 경비의 비율 등을 고려하지 않는다. 재정자립도가 같다면 경상적 경비의 비율이 높을수록 재정력은 약하다고 봐야 할 것이다. 즉, 세출 총액 중 자본적 지출의 비중이 클수록 자치단체의 재정력도 크다.

(3) 의존재원과의 역관계

지방자치단체의 재정 사정과는 무관하게 의존재원이 적으면 적을수록 재정자립도는 높게 나타나는 모순이 있다.

(4) 의존재원의 성격 무시

의존재원 중에는 국고보조금과 같이 자치권을 제약하는 것이 있는가 하면 지방교부세와 같이 지원은 하되 자치권을 제약하지 않는 것을 원칙으로 하는 것도 있다. 그러나 재정자립도는 의존재원의 성격을 고려하지 않는다.

3) 지방재정자립도의 현황

(1) 단체별 현황 (전국 평균: 53.4%)

〈표 22-1〉 단체별 재정자립도 현황

(단위 : %)

구분		특별시	광역시	특별자치시	도	특별자치도	시	군	자치구
평균				51.5					
		82.5	53.4	69.2	38.8	42.5	37.9	18.5	30.8
최고		82.5 (서울 본청)	63 (인천 본청)	69.2 (세종)	59.8 (경기 본청)	42.5 (제주)	64.2 (경기 화성)	44.8 (울산 울주)	67.9 (서울 강남)
최저			44.3 (광주 본청)		20.4 (전남 본청)		11.7 (전북 남원)	8.5 (전남 구례)	13.5 (대전 동구)

자료: 행정안전부(2018b: 154).

(2) 재정자립도의 분포

〈표 22-2〉 단체별 재정자립도의 분포

● 재정자립도 50% 미만 : 222개 단체(91.4%)

(단위 : 단체 수)

구분	합계	구성비(%)	시·도	시	군	자치구
합계	243	100	17	75	82	69
10% 미만	1	0.4	–	–	1	–
10-30% 미만	154	63.4	4	31	77	42
30-50% 미만	67	27.6	7	35	4	21
50-70% 미만	20	8.2	5	9	–	6
70-90% 미만	1	0.4	1	–	–	–
90% 이상	–	–	–	–	–	–

자료: 행정안전부(2018b: 154).

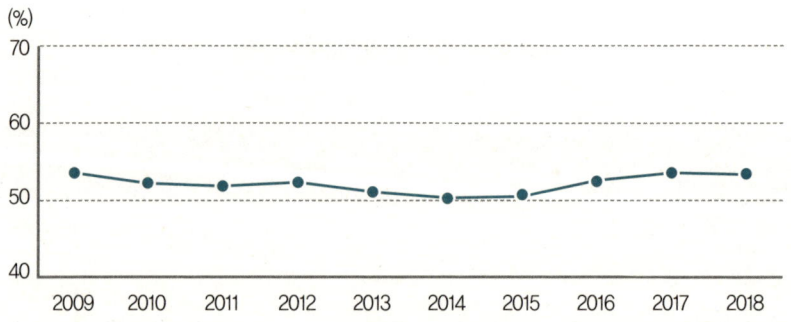

출처: 행정안전부(2018b).
주석: 당초예산, 일반회계 기준.

[그림 22-1] 연도별 전국 평균 재정자립도

What is Local Autonomy?

지방세란 무엇인가?

지방자치단체의 자체수입은 지방세와 세외수입으로 구성된다.

1) 지방세

지방세란 지방자치단체가 주어진 기능 수행에 필요한 경비에 충당하기 위해 주민 또는 구역 안에서 일정한 행위를 하는 자로부터 특정한 반대급부 없이 강제적으로 부과·징수하는 경제적 부담을 의미한다.

2) 조세의 구조

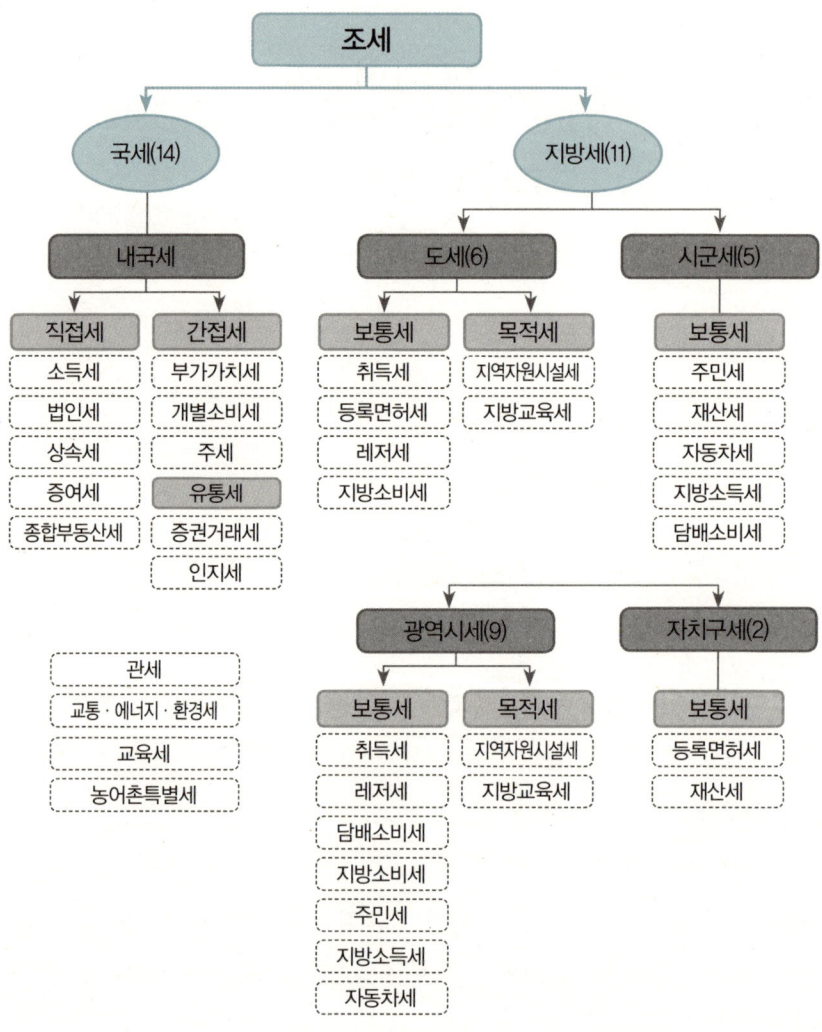

[그림 23-1] 조세의 구조

3) 주요 국가의 국세와 지방세 비중

〈표 23-1〉 주요 국가의 국세와 지방세 비중

구분	국세	지방세
일본(Japan)	60.2	39.8
미국(United States)	56.7	43.3
영국(United Kingdom)	94.0	6.0
독일(Germany)	48.0	52.0
프랑스(France)	70.5	29.5

[OECD 주요 국가의 국세·지방세 비율(2016년 기준)].
주) OECD Revenue Statistics 2016 자료(2018.4.9. 기준).
자료:행정안전부(2018b: 157).

4) 지방세제의 문제점

(1) 지방세원의 빈약

지방자치단체 일반회계 세입을 재원별로 보면 지방세가 차지하는 비중은 〈표 23-2〉와 같이 우리나라가 33.2~33.4% 수준인데 일본의 경우는 44.8% 수준에 달하는 것으로 나타났다. 이같이 지방자치단체 일반회계의 수입 중 지방세 수입이 차지하는 비중은 일본에 비해서 거의 10% 정도 낮은 정도로 지방세원이 빈약하다.

〈표 23-2〉 지방자치단체 일반회계 세입 재원별 비교

(단위 : 억 원, 억 엔)

구분	한국				일본	
	2018년도	구성비	2017년도	구성비	2018년도	구성비
계	2,378,971	100%	2,159,861	100%	881,087	100%
지방세수입	789,907	33.2%	721,838	33.4%	395,022	44.8%
세외수입	101,765	4.3%	103,033	4.8%	59,037	6.7%
지방교부세	376,380	15.8%	335,113	15.5%	164,312	18.6%
조정교부금	97,421	4.1%	85,540	4.0%	–	–
지방양여세등	–	–	–	–	27,298	3.1%
보조금	882,057	37.1%	793,439	36.7%	143,200	16.3%
지방채	8,479	0.4%	7,350	0.3%	92,218	10.5%
보전수입등및내부거래	122,962	5.1%	113,548	5.3%	–	–

주) 당초예산 총계 기준(한국은 일반회계 당초예산 총계, 일본은 지방재정계획상의 보통회계 총계를 기준).
자료:행정안전부(2018b: 152).

(2) 지방세원의 지역적 편재

2018년도 지방세의 단체별 분포 현황을 보면 〈표 23-3〉과 같이 서울특별시가 160,198억 원으로 전체 지방세 징수액(779,140억 원)의 20.56%이고, 광역시 전체는 146,625억 원으로 18.82%를 차지하고 있는 것으로 나타났다. 이러한 결과로 대도시는 국세의 지방세 이양을 요구하고, 그 밖의 자치단체는 지방교부세의 증액을 요구한다.

⟨표 23-3⟩ 2018년도 지방세의 단체별 분포 현황

(단위 : 억 원)

구분	2018년도 예산액 (일반회계)	2018년도 지방세	지방세 비중(%)
계	1,786,889	779,140	43.6
특별시	213,111	160,198	75.2
광역시	305,684	146,625	48
특별자치시	11,320	6,215	54.9
도	573,662	209,478	36.5
특별자치도	41,823	13,990	33.5
시	364,126	165,766	45.5
군	188,145	25,145	13.4
자치구	89,018	51,722	58.1

주: 지방세 수입은 지난 연도 수입(8,118억 원)이 포함된 것으로 당초예산 순계 기준임
자료: 행정안전부(2018b: 156).

(3) 지방 세수의 신장성 저조

지방재정 수요 증가에 능동적으로 대처하기 위해서는 지방세도 비례적으로 신장돼야 하나 재산과세의 비중이 소득과세나 소비과세의 비중에 비해 높고 자산과세는 소득과세나 소비과세에 비해 세수의 신장성이 낮다.

면허세, 자동차세, 주민세 균등할 등 정액세를 물가상승률에 따라 신속히 조정하지 못해 실질적인 세수의 감소를 초래한다. 또한 부동산 과세 시가 표준액의 조정이 지연돼 세수의 신장을 저해하고 수출 진흥, 특정 산업 육성, 농민 조세 부담 경감 등 각종 조세 감면 제도가 세수의 신장을 저해한다. 지방 세제는 법률로 획일적 규정돼 있어서 법정 외 세목의 신설을 금지한다.

✽ 경기도, 골프장서 거둔 세금만 2,749억

10일 안전행정부의 '2013년 광역 시·도별 골프장 지방세 징수 현황' 자료에 따르면 지난해 전국 545개 골프장에서 거둬들인 지방세는 5,718억 원이었다. 골프장 한 곳당 평균 10억 4,900만 원을 낸 셈이다. 지역별로는 159개의 골프장이 있는 경기가 2,749억 원으로 가장 많았고, 강원(69곳·724억 원)과 경북(49곳·518억 원), 경남(45곳·418억 원), 충북(42곳·337억 원), 제주(45곳·284억 원)가 그 뒤를 이었다.

경기도에선 지난해 골프장에서 걷은 지방세가 인구 45만 명인 평택시 전체 지방세수(2,866억 원)와 맞먹는다. 강원도도 도내 세 번째 도시인 강릉시(884억 원)의 전체 지방세수에 육박한다(중앙일보, 2014. 11. 11).

지역별 골프장 개수와 납입한 지방세

(2013년 말 기준)

지역	개수(개)	징수액(원)	1곳 당 평균 납부(원)
경기	159	2749억	17억 2,800만
강원	69	742억	10억 7,500만
경북	49	518억	10억 5,700만
경남	45	418억	9억 2,800만
충북	42	337억	8억 200만
제주	45	284억	6억 3,100만

자료 : 안전행정부.

∗ 삼성전자와 LG전자가 2018년에 낸 지방세만

평택시 징수 예상액 '2배 이상', 삼성 7배 · LG 19% 늘어난 규모

　평택시 지방 세수 확대의 양대 축인 고덕면 삼성전자 반도체 평택 캠퍼스와 진위면 LG전자 평택 디지털 파크의 2018년 지방세 납부액이 2017년보다 크게 증가한 667억 원인 것으로 나타났다. 16일 시에 따르면 삼성전자와 LG전자가 지난해 평택시에 납부한 지방세는 모두 667억 원에 달했다. 이는 두 기업에 대한 평택시의 '2018년도 징수 예상액'보다 2배 이상 많은 금액이다. 삼성전자는 2018년 한 해 동안 시에 '지방소득세 492억 원', '주민세 17억 원', '재산세 38억 원' 등 모두 547억 원의 지방세를 납부, 공장 가동을 시작한 2017년 78억 원 납부에 비해 7배 이상 증가한 수치를 기록했다. 특히 지난해 납부한 지방소득세의 경우 2017년 44억 원을 납부한 것과 비교해 10배 이상 증가했다. 이는 지난해 삼성전자의 전체 영업 이익이 대폭 증가하면서 법인세 납부액이 커지자 지방소득세 또한 증가한 것으로 분석됐다. LG전자는 지난해 평택시에 '지방소득세 69억 원', '주민세 34억 원', '재산세 16억 원' 등 모두 119억 원의 지방세를 납부했다. 이는 2017년도 납부액인 100억 원보다 19% 증가한 수치다. 이와 관련 평택시는 2019년 삼성전자와 LG전자가 낼 지방세를 모두 1천 10억 원 규모로 추정하고

있다. 시는 삼성전자가 올해 '지방소득세 811억 원', '주민세 30억 원', '재산세 42억 원' 등 2018년보다 336억 원 증가한 883억 원의 지방세를 납부할 것으로 예상하고 있다. LG전자는 올해 지방세로 '지방소득세 77억 원', '주민세 34억 원', '재산세 16억 원' 등 지난해보다 7억 원이 증가한 127억 원을 납부할 것으로 추산하고 있다(경인일보, 2019.01.17).

*지자체별 주민세

'서울은 4,800원, 인천은 4,500원, 전북 부안군은 2,500원'. 이는 지역별 자장면 값이 아니다. 지역 주민이 1년에 한 번 내야 하는 주민세(住民稅, 개인 균등분·세대별 기준) 액수다. 특별시나 광역시, 시·군에 사는 주민들은 자신이 거주하는 지자체에 낸다. 액수는 천차만별이다. 1만 원 하는 동네가 있는가 하면 고작 2,000원만 내는 곳도 있다. 그런데 정부가 이 세금을 1999년 이후 16년 만에 올리기로 방침을 정했다. 자장면 한 그릇 값도 되지 않는 주민세를 더는 방치할 수 없다는 게 정부의 판단이다(조선일보, 2014.07.28).

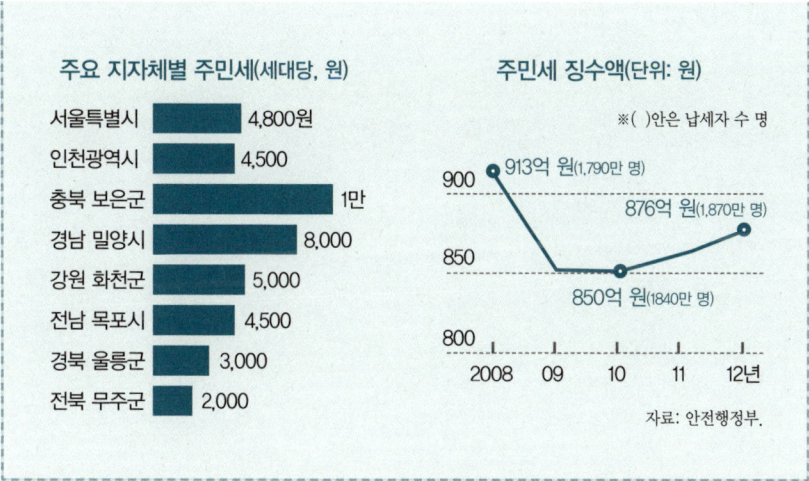

MEMO

What is Local Autonomy?

지방자치단체의 세외수입은 어떤 것이 있는가?

1) 의의
지방자치단체의 지방세 수입을 제외한 자체 수입을 의미한다.

2) 세외수입의 특성
(1) 자주적 재원: 자치단체의 자주적 활동에 의한 수입이다.
(2) 서비스에 대한 보상: 자치단체가 제공하는 서비스에 대한 대가의 성격이 있다.
(3) 다양성: 수입의 근거, 종류 및 형태가 매우 다양하다.
(4) 불규칙성: 자치단체의 여건 및 시기에 따라 수입의 규모가

일정하지 않다.
(5) 용도의 특정: 법령상·성격상 재원의 용도가 정해지는 경우가 많다.

3) 세외수입의 구성
(1) 사용료: 자치단체의 공공시설의 이용 또는 재산의 사용에 대해 징수하는 대금
(2) 수수료: 특정인을 위한 지방자치단체의 사무에 징수하는 대금
(3) 분담금: 지방자치단체의 재산 또는 공공시설의 설치로 인해 주민의 일부가 이익을 받는 경우 징수하는 대금
(4) 부담금: 자치단체 처리 사무에 대해 국가나 상급자치단체가, 혹은 상급자치단체 처리 사무에 대해 지방자치단체가 경비의 일부를 부담하는 대금
(5) 재산수입: 자치단체가 소유하는 잡종재산의 임대나 매각으로 인한 수입
(6) 징수교부금: 특별시·광역시 및 도는 시·군 및 자치구에서 특별시세·광역시세 및 도세를 징수해 특별시·광역시 및 도에 납입한 때에는 납입한 특별시세·광역시세 및 도세 징수금의 100분의 3에 해당하는 징수교부금을 그 처리비로 당해 시·군 및 자치구에 교부해야 한다(지방세법시행령 제41조).
(7) 기부금: 주민이나 기업의 자발적 의사에 따라 용도의 지정 혹은 지정 없이 자치단체에 납입한 대금

(8) 경영수익 사업수입: 자치단체가 지방재정의 확충을 위한 수익사업에서 얻는 수입
(9) 잡수입: 불용품 매각 수입, 변상금, 위약금(과태료, 체납처분비 등), 예금이자 등

4) 세외수입의 구조

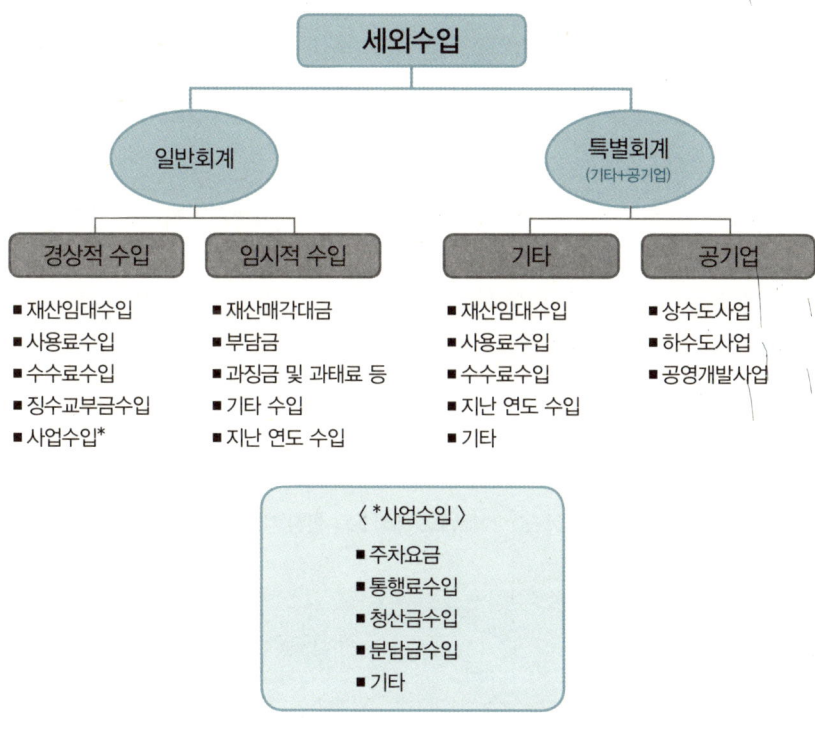

[그림 24-1] 세외수입의 구조

※ 2014년부터 세입과목 개편에 따라 '이영금', '전년도이월금', '전입금', '예탁금 및 예수금', '융자금원금수입'을 세외수입(임시적 세외수입)에서 제외.

자료: 행정안전부(2018b: 85).

5) 세외수입의 문제점

지방자치단체 2018년도 지방재정 총계 규모(2,843,958억 원) 중 세외수입(240,534억 원)이 차지하는 비중은 8.5%이고, 자체세입(1,030,441억 원) 중 비중은 23.3%로 취약하다.

〈표 24-1〉 2018년도 세외수입 총규모

(단위 : 억 원)

계	일반회계			특별회계		
	소계	경상적 수입	임시적 수입	소계	사업수입	사업외수입
240,534 (100%)	101,765 (42.30%)	57,126 (23.70%)	44,639 (18.60%)	138,769 (57.70%)	106,517 (44.30%)	32,252 (13.40%)

자료:행정안전부(2018b: 160).

아울러 세외수입이 도시지역인 특별시, 광역시, 시의 세외수입이 전체의 72.1%를 차지한다.

〈표 24-2〉 2018년도 세외수입 현황(지역별)

(단위 : 억 원)

단체별 계	시·도					시·군·구			
	소계	특별·광역시	특별자치시	도	특별자치도	소계	시	군	구
240,534 (100%)	100,084 (41.60%)	80,132 (33.30%)	1,375 (0.60%)	15,485 (6.40%)	3,091 (1.30%)	140,451 (58.40%)	93,245 (38.80%)	18,659 (7.80%)	28,547 (11.90%)

자료:행정안전부(2018b: 160).

What is Local Autonomy?

지방재정조정제도는 무엇인가?

1) 의의

지방재정조정제도는 중앙정부가 지방자치단체에, 광역자치단체가 기초자치단체에, 그리고 동급 자치단체 간에 재원을 제공하거나 단체 간의 재원 불균형을 조정해 줌으로써 지방자치단체의 바람직한 역할 수행을 뒷받침해 주기 위한 재원 이전 장치다. 즉, 지방재정조정제도는 지방자치단체가 최소한의 행정 수준(national minimum)을 유지하는 데 필요한 재원을 보장해 주고 지방자치단체 간의 재정력 격차를 완화시키기 위해 국세수입의 일부 또는 기타 자금을 일정 기준에 따라 지방자치단체에 배분하는 제도다(권형신 외, 1998: 314).

2) 지방재정 조정의 기능
(1) 재정적 불균형의 시정
자본주의의 발전에 따라 필연적으로 발생하는 지역 간의 경제력의 격차에 따라 발생하는 지역 간의 재정력의 격차를 시정하는 기능을 수행한다.

(2) 최소 행정 수준의 재원 보장
주민의 거주지역에 관계없이 국민에게 보장해야 하는 최소한의 행정서비스를 제공하기 위한 재원을 보장하는 기능을 수행한다.

(3) 국가적 사업에 대한 장려와 조장
국가적으로 추진하는 사업을 장려하거나 조장하는 기능을 수행한다.

(4) 재난대책 등에 대한 보조
천재지변과 같은 재난이 발생했을 경우 이에 대한 대책을 위해 재원이 필요하게 되는데, 이에 대한 재원을 보조하는 기능을 수행한다.

3) 지방재정 조정의 유형
(1) 수직적 재정 조정
중앙정부가 지방자치단체에 또는 광역지방자치단체가 기초자치단체에 재원을 제공하거나 단체 간의 재원 불균형을 조정해 주는 재정 조정의 방식이다. 중앙정부의 지방자치단체에 대한 수직적 재정조정을 위한 이전 재원의 규모는 〈표 25-1〉과 같다.

〈표 25-1〉 지방 이전 재원 규모

(단위: 조 원)

	2009	2010	2011	2012	2013	2014	2015	2016	2017	2018
지방이전재원	90.8	89.6	95.9	103.5	112.6	114.9	120.9	128.4	144.9	149.6
- 교부금	58.9	59.7	65.5	71.4	78.3	77.7	74.8	81.7	97.1	99.4
- 양여금	-	-	-	-	-	-	-	-	-	-
- 국고보조금	24.9	23.6	24.2	26.1	28.0	31.3	46.1	46.7	47.8	50.2
- 광특회계	7.0	6.3	6.2	6.0	6.3	5.9	-	-	-	-
지방가용재원	136.0	138.8	148.3	157.4	165.3	169.4	191.9	203.9	225.3	232.3
(총조세 대비, %)	64.9	61.2	60.5	61.0	62.0	62.5	66.4	64.1	65.2	66.2

출처: 기획재정부(연도별 예산서).

자료: e-나라지표 (http://www.index.go.kr/potal/main/EachDtlPageDetail.do?idx_cd=1043#quick_02;, 2019.2.8.)

(2) 수평적 재정 조정

재정력이 강한 지방자치단체가 약한 자치단체에게 시행하는 동급 자치단체 간의 재정조정제도다. 재정력이 강한 자치단체의 저항과 징세 노력의 감소 등으로 시행 가능성은 낮은 제도다.

「지방세기본법」제9조 ①에 의하면 특별시 관할구역에 있는 구의 경우에 재산세(지방세법 제9장에 따른 선박 및 항공기에 대한 재산세와 같은 법 제112조 제1항 제2호 및 같은 조 제2항에 따라 산출한 재산세는 제외한다)는 제8조에도 불구하고 특별시세 및 구세인 재산세로 한다고 규정하고, ②에는 제1

항에 따른 특별시세 및 구세인 재산세 중 특별시분 재산세와 구(區)분 재산세는 각각 「지방세법」 제111조 제1항에 따라 산출된 재산세액의 100분의 50을 그 세액으로 한다고 규정하고 있다. 또한 「지방세기본법」 제10조(특별시분 재산세의 교부) ①에는 특별시장은 제9조 제1항 및 제2항에 따른 특별시분 재산세 전액을 관할구역의 구에 교부해야 한다고 규정함으로써 수평적 재정 조정을 통해 자치구 간의 재정력 격차를 해소하고 있다.

> **＊재산세 공동과세 시행 효과(2011년) – 세입 격차 9.9 → 2.9배**
>
> 재산세 공동과세 시행으로 서울 강남구와 강북구 간 세입 격차가 인구 1인당 9.9배에서 2.8배로 줄었다. 세액 단순 대비 격차는 16.3배에서 4.6배로 완화됐다. 서울시는 2011년 전체 재산세 3조 1,382억 원 가운데 자치구 재산세 총 1조 6,882억 원의 50%(8,441억 원)를 25개 자치구에 338억 원씩 균등 배분하는 공동과세 시행 시 이 같은 세입 격차 완화 효과가 나타난다고 18일 밝혔다. 2011년 9월분 재산세 부과액은 전년 동기(1조 9,791억 원) 대비 16만 3,000건, 399억 원이 증가한 2조 190억 원이다. 2011년 전체 재산세 3조 1,382억 원의 64.3% 규모다
>
> (아시아경제, 2011.09.18).

What is Local Autonomy?

중앙정부는 지방자치단체를 재정적으로 어떻게 지원하는가?

〈표 26-1〉 중앙정부의 지방재정조정제도

구분	지방교부세	국고보조금
근거 법령	「지방교부세법」	「보조금관리에 관한 법률」

재원 구성	▶ 내국세의 19.24%
	  - 보통교부세 : 정률분 교부세 총액의 97%
	  - 특별교부세 : 정률분 교부세 총액의 3%
	▶ 부동산교부세 : 종합부동산세 전액
	▶ 소방안전교부세 : 담배에 부과하는 개별소비세의 20%
		국가의 일반회계 또는 특별회계 예산으로 계상

용도	▶ 보통·부동산교부세 : 용도 지정 없이 자치단체 일반예산으로 사용 ▶ 특별교부세 : 용도 지정. 조건 부여 가능 ▶ 소방안전교부세 : 특수 수요는 용도 지정 가능 - 소방 분야에 교부세 총액의 75% 이상 사용 규정	용도와 조건이 지정돼 특정 목적 재원으로 운용

구분	지방교부세	국고보조금
배분 방법	▶ 보통교부세 : 단체별 기준재정수입액과 기준재정수요액 산정 후 재정 부족액을 기준으로 산정·교부 ▶ 특별교부세 : 지역현안, 재난·안전관리, 국가지방협력 수요사업에 대해 사업의 타당성 등을 종합적으로 심사해 사업별·시책별로 교부 ▶ 부동산교부세 : 재정여건, 사회복지, 지역교육, 보유세 규모 등에 따라 산정·교부 ▶ 소방안전교부세 : 소방 및 안전시설 현황과 투자 소요, 재난예방 및 안전 강화 노력, 재정 여건 등에 따라 산정·교부	소관 부처별 중장기 사업 계획 등을 고려해서 매년 정부예산으로 정함.
성격	▶ 보통·부동산교부세 : 일반재원(자주재원 성격) ▶ 특별교부세 : 특정재원(자주재원 성격) ▶ 소방안전교부세 : 일반 및 특정재원(자주재원 성격)	특정재원 (이전재원 성격)

자료:행정안전부(2018b: 93).

1) 교부세제도

(1) 의의

국세수입의 일부를 자치단체의 행정 운영에 필요한 재원으로 교부해 지방자치단체 간의 재정적 불균형을 조정함으로써 지방행정의 건전한 발전을 기하는 데 목적을 둔 제도다.

(2) 종류

가. 보통교부세

정률분 교부세(내국세 총액의 19.24%) 총액의 97%로 각 자치단체의 기본적인 행정 수준 유지를 위해 일반재원으로 교부한다. 기준재정 수입액이 기준재정 수요액에 미달하는 자치단체에 미달액을 기준으로 교부되는 일반재원이다(지방교부세법 제6조 ①). 이에 따라 〈표 26-2〉

와 같이 서울과 수원 등 7개 지방자치단체는 기준재정 수입액이 기준재정 수요액을 초과하므로 보통교부세의 불교부 단체다.

〈표 26-2〉 2018년도 보통교부세 교부 현황

(단위: 억 원)

구분	단체수			보통교부세 교부액	보통교부세 지급특례액*	비고(불교부단체)
	계	교부	불교부			
계	174	167	7	421,633	3,063	
특별시	1	–	1	–	1,331	서울
광역시	6	6	–	43,207		
특별자치시	1	1	–	464		
도	8	7	1	58,333	1,464	경기
특별자치도	1	1	–	12,741		
시	75	70	5	158,986	268	수원, 성남, 용인, 화성, 하남
군	82	82	–	147,902		

※ 자치구(69개)는 특별·광역시 본청에 합산해서 산정, 제주특별도는 보통교부세 재원의 3%를 정률 교부.
※ 보통교부세 불교부단체: 기준재정수입액이 기준재정수요액을 초과하는 단체.
* 2015년 분권교부세 폐지에 따른 재정충격 완화를 위해 불교부단체에 한시 적용하는 특례(지방교부세법 부칙 제2조)

자료: 행정안전부(2018b: 95).

나. 특별교부세

정률분 교부세(내국세 총액의 19.24%) 총액의 3%로 보통교부세 산정 방법으로는 포착할 수 없는 재정 수요나 연도 중에 발생한 각종 재난 및 안전관리, 복지시설 설치, 국가적 장려사업 등 예측하지 못한 특별한 재정 수요 발생 시 교부한다.

다. 부동산교부세

종합부동산세 전액을 재원으로 2005년 이후 부동산세제 개편에 따른 자치단체 세수 감소의 보전 및 균형발전 지원을 위해 교부한다.

라. 소방안전교부세

담배에 부과하는 개별소비세 총액의 20%를 재원으로 지방자치단체의 소방 및 안전시설 확충, 안전관리 강화 등의 지원을 위해 교부한다.

(3) 문제점

지방교부세의 산정 방식은 인구 규모가 클수록 유리하고, 자치단체의 징세 노력을 제고하는 유인 체제가 미흡하며, 재정 운용의 효율성을 제고하는 유인 체제가 미흡하다.

﹡교부세 산정 방식의 문제점

인천은 '억울'하다. 현재의 보통교부세 산정 방식에 의문을 제기하지만, 바뀌지 않으면 내년 또한 보통교부세 하위권을 벗어나기 힘들다. 올해 인천이 받은 보통교부세는 2,338억 원, 지난 5년간 지원액을 여타 광역시와 비교할 경우 부산 4조 원, 대구 3조 원, 광주·대전 2조 5,000억 원과는 비교도 안 되는

9,460억 원이다.

지방교부세는 보통, 특별, 분권, 부동산교부세로 나뉜다. 이 중 재원이 가장 큰 보통교부세는 기준재정수입을 기준재정수요로 나눈 재정력지수에 따라 서울을 뺀 전국에 나눠진다. 기준재정수입은 해당 지자체의 보통세 수입액이며 경상적 세외수입을 감안해 보정하도록 하고 있다. 기준재정수요는 일반행정비, 문화환경비, 사회복지비, 경제개발비를 측정 항목으로 하고 공무원 수, 인구 수, 가구 수, 기초수급권자 수, 노령인구 수, 영유아·청소년 수, 등록장애인 수, 농수산업 종사자 수, 사업체 종사자 수, 미개량 도로의 면적, 자동차 대수, 행정구역 면적을 측정 단위로 한다. 시는 기준재정수요에 인천이 받는 '역차별'이 항목에 포함돼야 한다는 주장도 하고 있다. 인천을 희생해 수도권 전력 공급을 위한 발전소 설비에 대해 대기질 개선을 위한 '환경보호비' 항목을 추가시켜야 한다는 입장이다. 특히 100여 개의 인천 섬들에 대한 '도서지역 인구 수' 항목이 반영돼야 한다는 입장도 내놨다(인천일보 2014.08.19).

(4) 개선 방안
가. 교부세율의 상향 조정

지방자치의 실시에 따른 행정 수요의 증가와 중앙과 지방 간의 기능 재조정에 따른 재정 수요의 증가에 대응하기 위해서는 교부세율의 상향 조정이 필요하다.

> ＊**교부세율의 인상**(2005.12.30)
>
> 2005년 12월 30일 의결된「지방교부세법」개정법률안에 의하면 교부세(부동산교부세 제외)의 재원은 내국세(목적세 및 종합부동산세와 다른 법률에 의해 특별회계의 재원으로 사용되는 세목의 당해 금액을 제외) 총액의 19.24%로 인상됐다(지방교부세법 제4조①).

나. 징세 노력의 제고를 위한 제도적 보완

지방자치단체의 징세 노력을 반영할 수 있는 제도적 보완이 필요하다.

> ＊**박 대통령 "지방교부세 · 지방교육재정교부금 개혁 필요"**
>
> 박 대통령은 지방교부세제도와 관련, "1960년대 도입한 이후에 사회에 많은 변화가 있었음에도 불구하고 기본 골격에 큰 변화가 없었다"며 "현행 지방재정제도와 국가의 재정지원시스템이 지자체의 자율성이나 책임성을 오히려 저해하고 있는 것

은 아닌지 면밀히 살펴보고 제도적 적폐가 있으면 과감히 개혁을 해야 될 시점"이라고 했다.

또 "지방교부세의 경우 자체세입을 확대하면 오히려 지자체가 갖게 되는 교부세가 줄어들기 때문에 자체세입을 확대하려는 동기나 의욕을 꺾는 그런 비효율적 구조는 아닌가 점검해야 하고 또 고령화 등으로 증가하는 복지 수요의 크기가 교부세 배분 기준에 제대로 반영이 되고 있는지도 살펴봐야겠다"고 밝혔다.

이와 함께 박 대통령은 "교육재정 교부금의 경우도 학생 수가 계속 감소하는 등 교육환경이 크게 달라졌는데도 학교 통폐합과 같은 세출 효율화에 대한 인센티브가 전혀 없다"며 "내국세가 늘면 교육재정 교부금이 자동적으로 증가하게 되는 현행 제도가 과연 계속 유지돼야 하는지 심층적인 검토가 필요하다"고 말했다(조선일보, 2015.01.26).

다. 재정 운영의 효율성 제고

재정 운영의 건전성이나 적정성을 제고하는 경우에는 적절한 인센티브가 주어져야 한다.

라. 수평적 불균형 완화

배분 기준 결정 시 인구 및 경제 규모가 큰 지역에 유리한 문제점을 보완해야 한다.

마. 특별교부세의 비중(교부세 총액의 3%)의 축소

본래의 취지 외에 국회의원의 지역구 숙원사업 해결을 위한 수단 등 정치적으로도 많이 이용되는 특별교부세는 보통교부세에 흡수하거나 비중을 축소해야 한다.

> *특별교부세의 문제점
>
> 2003년 기준 1조 1,800억 원 규모로서 국회의원들이 자기 지역구 민원을 해결하는 용도나 대통령이 국회의원을 설득하거나 협조를 이끌어 내는 수단으로 사용된 경우가 많다. 노무현 대통령은 2003년 3월 24일 행정자치부 업무보고 시 "특별교부금(특별교부세)제도가 행정과 정치에 대한 신뢰를 깎아 먹는 데 크게 작용하고 있다. 국회의원들이 특별교부금(특별교부세)으로 지역에 가서 큰소리치거나 행정자치부 장관이 자의적으로 쓸 수 있는 부분은 없어져야 한다"고 말하며, "특별교부금(특별교부세)을 보통교부금(보통교부세)에 흡수하는 폐지 방안까지 포함해 근본적 개선 방안을 강구하라"고 지시했다(한겨레 21, 2003. 04.10: 34-36).

*특별교부금의 배정 실태

2009년 특별교부금 9,243억은 '힘센 정치인'에게 몰렸다. 10위 안에 영남 의원 지역구 7곳, 야권 실세 지역에도 상당액이 배정됐다.

주요 정치인 지역구 특별교부금 배정 내역

지역	의원	액수
전북 진안 - 무주 - 장수 - 임실	정세균(민주당)	89억 원
경남 양산	박희태(한나라당)	80억 원
광주 남	강운태(민주당)	65억 원
경남 창원	권영길(민노당) 외 1인	63억 원
전북 군산	강봉균(민주당)	54억 원
전북 전주	정동영(민주당) 외 2인	54억 원
부산 남	김무성(한나라당) 외 1인	50억 원
대구 달성	박근혜(한나라당)	43억 원
경북 포항	이상득(한나라당) 외 1인	38억 원

자료 : 행정안전부.

행정안전부가 5일 민주당 김희철 의원에게 제출한 '2009년도 자치단체별 특별교부금 배정 내역'에 따르면 지난해 특별교부금은 모두 9,243억 원이 집행됐다. 2005년 7,115억 원이었음을 감안하면 4년 만에 2,000억 원 이상 불어난 규모다.

광역단체별로 보면 수도권인 경기도(1,264억 원) 다음으로 경남도(1,230억 원)가 많았는데 교부금 집행 당시 행안부 장관이었던 이달곤 전 장관은 6월 지방선거 경남지사 예비후보다.

기초단체별로는 경남 김해시가 115억 9,400만 원을 지원받아 가장 수혜를 누린 것으로 나타났다. 김해시는 지난해 5월 서거한 노무현 전 대통령의 고향이자 한나라당 김정권, 민주당 최철국 의원의 지역구다. 김해시는 바위공원 조성, 장유건강지원센터 건축, 웹 접근성 개선 등의 명목으로 33억여 원, 재해대책용으로 82억여 원을 지원받았다(중앙일보, 2010.04.06).

*특별교부세와 정권 교체

정부가 지방자치단체 재정을 지원하는 특별교부세와 분권교부세가 정권에 따라 지역별 편중 현상이 심한 것으로 조사됐다. 행정안전부가 2006년부터 지난해까지 5년간 지자체에 지원한 10조 6,254억 원의 특교세와 분교세 배정 현황을 국민일보가 분석한 결과 노무현 정부 시절인 2006년과 2007년 특교세는 강원도(16.65%), 경남(12.84%), 전남(11.77%) 등의 순으로 많이 배정됐다.

하지만 이명박 대통령이 취임한 2008년부터 지난해까지는 특교세 배정 상위 지자체가 경남(10.82%), 경기(10.58%), 경북

(10.15%) 등의 순으로 바뀌었다. 2008~2010년 영남권 지자체에 배정된 특교세는 모두 1조 74억 원으로 전체의 34.7%를 차지했다. 이는 2006~207년 평균 배정 비율 31.7%보다 늘어난 수치다. 반면 강원도의 특교세 배정 비율은 평균 7.86%로 노무현 정부 시절의 절반에도 못 미쳤다(국민일보, 2011.10.20).

〈표 26-3〉 연도별 지방교부세 교부 현황

(단위: 백만 원)

연도별	계	보통교부세	특별교부세	분권교부세	부동산교부세	소방안전교부세
2005	19,877,486	17,927,570	711,566	845,381	392,969	–
2006	21,461,392	18,691,488	743,396	1,006,508	1,020,000	–
2007	25,196,900	21,316,202	852,759	1,138,733	1,889,206	–
2008	31,098,993	25,795,852	1,039,411	1,378,423	2,885,307	–
2009	28,319,634	23,032,062	924,254	1,230,542	3,132,776	–
2010	28,012,760	24,679,136	992,880	1,318,672	1,022,072	–
2011	30,895,246	27,274,652	1,101,027	1,457,548	1,062,019	–
2012	34,186,188	30,191,425	1,257,977	1,615,433	1,121,353	–
2013	35,724,592	31,558,105	1,314,921	1,688,560	1,163,006	–
2014	35,698,180	31,884,524	986,119	1,688,437	1,139,100	–
2015	34,888,072	32,176,185	987,407		1,410,400	314,080
2016	37,967,278	35,023,661	1,083,206		1,445,711	414,700
2017	44,363,917	41,032,266	1,269,038		1,549,126	513,487
2018	45,980,469	42,469,616	1,313,493		1,780,100	417,260

주) 1. 2017년까지는 최종교부액(당초예산+추경예산+정산분), 2018년은 당초예산 기준.
2. 2005년에는 증액교부금 폐지, 분권교부세·부동산교부세 신설.
3. 2015년은 분권교부세 폐지, 소방안전교부세 신설.
자료: 행정안전부(2018b: 97).

2) 국고보조금

(1) 의의
국고보조금이란 국가가 국가위임사무와 시책사업 등에 대한 사용 범위를 정해서 그 경비의 전부 또는 일부를 보조하거나 재정상의 원조를 하기 위해 자치단체에 교부하는 자금을 말한다.

(2) 종류
가. 교부금
국가의 사무를 지방자치단체에 위임했을 경우에 부담하는 경비

나. 국고교부금
지방자치단체가 행하는 사업 중 그 성질상 국가의 책임 정도에 따라 전부 또는 일부를 부담하는 경비

다. 협의의 국고보조금
지방자치단체에 대해 특정 사업의 실시를 권장하거나 재정을 지원하는 자금

(3) 장·단점
가. 장점
가) 통일적 행정 수준의 확보
행정서비스의 수준을 국가적 차원에서 통일할 수 있다.

나) 사회간접자본의 확충
지방자치단체의 사회간접자본의 확충에 기여한다.

다) 특수 재정 수요에 대응
긴급하고 규모가 큰 특수 재정 수요의 재원을 보전한다.

라) 외부 효과에 대처
행정서비스의 효과가 해당 구역을 넘는 경우 서비스를 제공하는 자치단체의 재원을 보전한다.

나. 단점
가) 지방행정의 자주성 침해
보조 조건에 의한 지시와 간섭으로 인해 지방행정의 자주성이 침해될 우려가 있다.

나) 지역 실정과 괴리
획일적 보조 조건으로 지역 실정과 괴리될 우려가 있다.

다) 재정 격차 심화 가능성
획일적 보조 조건으로 재정력이 약한 자치단체는 지방비 부담의 수용이 곤란해 재정 격차의 심화 가능성이 있다. 차등 보조금제도가 있으나 제한적으로만 적용되고, 자치단체의 재정력 반영이 부족하다.

라) 지방재정의 압박

예외적인 경우 외에는 자치단체에 재정적 부담을 부과할 수 없으나 국고보조금에 따른 지방비 부담의 증가율이 일반 재원의 증가율을 상회해서 지방재정을 압박하는 요인이 되고 있다(〈표 26-4〉 참조).

〈표 26-4〉 연도별 국고보조금 및 지방비 부담 현황

(단위 : 억 원, %)

구분	2014	구성비	2015	구성비	2016	구성비	2017	구성비	2018	구성비
국고 보조 사업	610,786 (634,284)	100 (100)	644,322 (663,959)	100 (100)	671,375 (692,986)	100 (100)	652,044 (665,437)	100 (100)	706,631 (720,236)	100 (100)
·국고 보조금	377,463 (377,463)	61.8 (59.5)	414,078 (414,078)	64.3 (62.4)	428,646 (428,646)	63.8 (61.9)	434,869 (434,869)	66.7 (65.4)	472,042 (472,042)	66.8 (65.5)
·지방 비부담	233,323 (256,821)	38.2 (40.5)	230,244 (249,881)	35.7 (37.6)	242,729 (264,340)	36.2 (38.1)	217,175 (230,568)	33.3 (34.6)	234,589 (248,194)	33.2 (34.5)

※ 지방자치단체에서 당초예산에 편성한 금액.
※ (   )는 세부사업 단위에서 국고보조사업을 판단.

자료: 행정안전부(2018b: 105).

27

What is Local Autonomy?

광역자치단체는 기초자치단체를 재정적으로 어떻게 지원하는가?

〈표 27-1〉 광역자치단체의 지방재정조정제도

구분	시·도비 보조금	자치구 조정교부금	시·군 조정교부금
근거 법령	• 지방재정법 제23조 제2항 시·도는 시책상 필요하다고 인정할 때 또는 시·군 및 자치구의 재정 사정상 특히 필요하다고 인정할 때에는 예산의 범위 안에서 시·군 및 자치구에 보조금을 교부할 수 있다.	• 지방재정법 제29조의2 특별·광역시장은 대통령령으로 정하는 보통세 수입의 일정액을 조정교부금으로 확보하여 조례로 정하는 바에 따라 해당 자치단체관할구역의 자치구 간 재정력 격차를 조정해야 함. • 지방재정법 시행령 제36조의2 법 제29조의2에 따른 조정교부금 재원을 특별시·광역시 시세(市稅)중 ·지방세기본법· 제8조 제1항 제1호 각 목에 따른 보통세(광역시는 ·지방세법· 제7장제3절 주민세 재산분 및 제4절 주민세 종원분 제외)로 하고, 교부금의 교부율·산정 방법 및 교부 시기 등은 특별·광역시의 조례로 정함.	• 지방재정법 제29조 시·도지사(특별시장 제외)는 해당광역시·도세, 지방소비세 금액의 27% 등에 해당하는 금액을 관할 시·군 간의 재정력 격차를 조정하기 위한 조정교부금 재원으로 확보해야 함. • 지방재정법 시행령 제36조 일반재정보전금 배분 시 50%는 인구수, 20%는 징세 실적, 30%는 재정력을 기준으로 배분

구분	시·도비 보조금	자치구 조정교부금	시·군 조정교부금
재원	• 시·도의 일반회계 또는 특별회계	• 특별·광역시의 보통세 중 조례로 정하는 일정액 • 일반조정교부금(90%), 특별조정교부금(10%)으로 운영	• 광역시세·도세(화력·원자력발전·특정부동산에 대한 지역자원시설세 및 지방교육세 제외) 총액 및 지방소비세의 27% (인구 50만 이상의 시와 자치구가 아닌 구가 설치되어 있는 시는 47%)에 해당하는 금액 • 좌동
용도	• 특정한 지원대상사업 재정수요 충당(용도 지정)	• 일반조정교부금은 용도지정 없이 자치단체의 일반재원으로 사용 서울 22.6%　부산 22.0% 대구 22.29%　인천 20.0% 광주 23.9%　대전 23.0% 울산 20.0% • 특별조정교부금은 교부 시 부과된 조건이나 목적에 맞게 사용	• 좌동
배분 방법	• 지원사업별 사업 우선순위 등에 의거 지원	• 기초단체별 기준재정수입액과 기준재정수요액을 분석한 후 재정부족액을 기준으로 배분	• 인구, 징수실적, 당해 시·군의 재정력 등에 따라 배분

자료: 행정안전부(2018b: 109).

1) 자치구 조정교부금

특별시장이나 광역시장이 「지방재정법」에서 정하는 바에 따라 해당 지방자치단체의 관할구역 안의 자치구 상호간의 재원을 조정하는 자금이다(지방자치법 제173조).

자치구 간의 재정적 불균형을 해소하고 일정한 행정 수준을 확보하기 위한 것으로 교부율, 산정 방법, 교부 시기 등은 해당 특별시나 광역시의 「자치구의 재원 조정에 관한 조례」에 따라 이뤄진다.

「지방재정법」 제29조의2에는 특별시장 및 광역시장은 대통령령으로 정하는 보통세 수입의 일정액을 조정교부금으로 확보해 조례로 정하는 바에 따라 해당 지방자치단체 관할구역의 자치구 간 재정력 격차를 조정해야 한다고 규정하고 있다. 일반조정교부금은 조정교부금의 90%를 교부하며, 교부 방식은 기준재정 수요액에서 기준재정 수입액을 차감한 재정 부족액을 기준으로 교부율을 곱해 산정한다. 특별조정교부금은 조정교부금의 10%를 교부한다.

2) 시·군 조정교부금

시·도지사(서울특별시장을 제외)가 재정력 격차를 조정하기 위해 인구, 징수 실적(지방소비세는 제외한다), 해당 시·군의 재정 사정, 그 밖에 대통령령으로 정하는 기준에 따라 해당 시·도의 관할구역 안의 시·군에 배분하는 재원이다(지방재정법 제29조).

시·군 조정교부금의 재원은 광역시세·도세(화력발전·원자력발전에 대한 지역자원시설세, 특정 부동산에 대한 지역자원시설세 및 지방교육세는 제외한다) 총액 및 지방소비세액의 27%(인구 50만 이상의 시와 자치구가 아닌 구가 설치돼 있는 시의 경우에는 47퍼센트)에 해당하는 금액이다.

일반조정교부금은 조정교부금 총액의 100분의 90에 해당하는 금액으로 하고 인구, 징수 실적, 당해 시·군의 재정력 등에 따라 배분한다. 특별조정교부금은 조정교부금 총액의 100분의 10에 해당하는 금액으로 한다(지방재정법 시행령 제36조②).

3) 시·도비 보조금

시·도는 시책상 필요하다고 인정할 때 또는 시·군 및 자치구의 재정 사정상 특히 필요하다고 인정할 때 예산의 범위 안에서 시·군 및 자치구에 보조금을 교부할 수 있다(지방재정법 제23조②). 재원은 시·도의 일반회계 또는 특별회계이고 특정한 지원 대상사업 재정수요에 충당할 수 있다. 배분은 지원 사업별 우선순위 등에 따라 지원한다.

〈표 27-2〉 연도별 시·도비 보조금 및 교부금 교부 현황(총계)

(단위: 억 원)

연도별	계	시·도비보조금	조정교부금
2011년	164,397	92,124	72,273
2012년	180,135	105,327	74,808
2013년	193,003	118,335	74,668
2014년	197,055	116,724	80,331
2015년	219,260	123,452	95,809
2016년	234,281	129,748	104,533
2017년	254,409	138,711	115,698
2018년	225,236	126,819	98,418

주) 2017년까지는 최종예산액, 2018년은 당초예산액, 시·군·구 예산편성 기준.
자료: 행정안전부(2018b: 110).

〈표 27-3〉 2018년도 광역자치단체에서 기초자치단체로의 재원 이전(총계)

(단위 : 억 원, %)

구분		계	구성비	시·도비 보조금	구성비	조정교부금	구성비
계		225,236	100	126,819	100	98,418	100
특별시 자치구		52,053	23.1	25,433	20.1	26,620	27
광역시	계	59,461	26.4	35,609	28.1	23,853	24.2
	군	4,907	2.2	3,157	2.5	1,750	1.8
	자치구	54,554	24.2	32,451	25.6	22,103	22.5
도	계	113,722	50.5	65,777	51.9	47,945	48.7
	시	88,260	39.2	48,034	37.9	40,225	40.9
	군	25,462	11.3	17,743	14	7,719	7.8

주) 시·군·구 예산편성 기준.
자료: 행정안전부(2018b: 110).

What is Local Autonomy?

지방채는 무엇인가?

1) 의의
지방채는 지방자치단체가 재정수입의 부족액을 충당하기 위해 채권(債券) 발행을 통해 조달하는 차입자금을 의미한다.

2) 특징
(1) 지방자치단체의 채무: 과세권을 담보로 발행하는 채권에 의해 발생하는 채무다.
(2) 장기차입금: 장기에 걸쳐 상환되는 차입금이다.
(3) 무담보: 과세권이란 신용을 담보로 발행하는 채권이다.

(4) 임의성: 원칙적으로 자유 의사에 따라 매각한다.
(5) 단기간 자금 조달 가능성: 단기간에 자금 조달이 용이하다.

3) 기능

(1) 재원 조달 기능

투자사업(예: 지하철)의 건설 재원은 규모가 크고 불규칙하며, 재해 발생에 따른 복구비와 같은 임시적 지출은 지방채에 의하지 않으면 지방세율의 대폭 인상이 불가피해서 조세 저항이나 경제 활동에 충격이 크다.

(2) 자원의 효율적 배분

지방공기업에 필요한 재원은 차입금에 의한 것이 조세수입에 의한 것보다 수지 관계를 분명히 할 수 있고, 자원의 효율적 배분을 위해서도 합리적이다.

(3) 부담의 공평

가. 세대 간

내구적 공공재 지출의 수익이 당해 연도 납세자 외에 장래까지 파생되는 경우에 소요 재원을 조세로 충당하면 비용 부담 연도에 거주하는 주민에게 비용을 전담시키는 결과가 돼 편익의 혜택과 비용 부담 간의 대응성을 저해한다. 따라서 장기 지방채 발행을 통해 재원을 조달하면 세대 간에 비용을 공평하게 부담시킬 수 있다.

나. 주민 간

장기 지방채의 발행은 장기간에 걸쳐 상환되므로 거주 주민과 이동 주민 간의 부담 공평화에도 기여한다.

4) 부채의 적정 규모 평가 기준

⑴ 조달 재원이 장기적 편익을 수반하는 공공사업에 합리적으로 쓰여지고 있는가?
⑵ 재정 규모상 원리금 상환에 문제가 없는가?

원리금 상환 재원의 상당 부분이 사업수익을 통해 조달될 수 있다면, 대부분의 상환 재원을 기채를 통해 조달하고 자산의 내용 연수와 같은 장기간에 걸쳐 분할 상환을 해도 무방하다고 할 수 있다.

＊경남 하동도 채무 '0' 선언… 빚 전쟁 끝낸 지자체, 3년 만에 6곳

올해 '채무 제로(0)'를 선언하는 지자체들이 속속 등장하고 있다. 행정안전부는 3일 "경남 하동군이 연말까지 남은 빚 134억 원을 다 청산해 올해 6번째로 채무 제로를 기록할 예정"이라며 "246개 전국 지자체 중 46번째로 채무가 없는 곳이 된다"고

밝혔다. '채무 제로' 지자체는 2009년 40개를 기록한 이후 변화가 없다가 3년 만인 올해 들어 6개가 생겼다. 행안부 재정정책과는 "최근 지방재정 적자 문제가 불거지면서 정부와 해당 지자체가 부채 줄이기에 노력한 결과"라고 밝혔다.

올해 들어 부산 진구·충북 제천(1월), 전남 완도(2월), 대구 서구·울산 북구(5월)가 차례로 채무 제로 대열에 합류했다. 경북 김천시, 강원도 삼척시·양구군 등이 '2013년 채무 제로화'를 선언해 내년 채무 제로 지방자치단체 수는 더욱 늘어날 전망이다(조선일보, 2012.12.04).

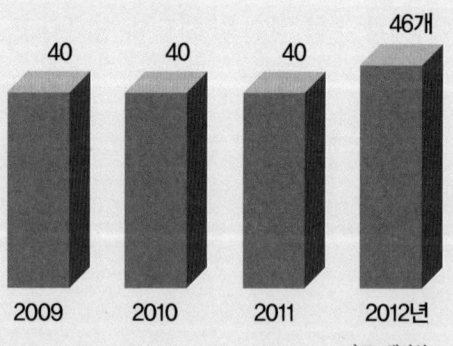

채무 제로 시·군·구

〈표 28-1〉 연도별 지방채 규모

(단위 : 억 원, %)

연도별	총규모			일반회계			특별회계		
	총규모	지방채	의존율	규모	지방채	의존율	규모	지방채	의존율
2011년	1,562,568	64,783	4.1	1,276,740	31,199	2.4	285,828	33,584	11.7
2012년	1,670,153	40,324	2.4	1,366,855	6,215	0.5	303,298	34,109	11.2
2013년	1,769,920	79,410	4.5	1,454,339	44,094	3	315,582	35,316	11.2
2014년	1,808,754	49,120	2.7	1,492,245	10,184	0.7	316,510	38,936	12.3
2015년	1,999,764	55,515	2.8	1,648,015	12,596	0.8	351,749	42,919	12.2
2016년	2,147,816	40,573	1.9	1,767,011	7,503	0.4	380,805	33,070	8.7
2017년	2,279,676	24,176	1.1	1,937,790	8,528	0.4	341,886	15,648	4.6
2018년	2,106,784	19,905	0.9	1,786,889	8,479	0.5	319,895	11,427	3.6

주) 2017년까지는 최종예산액, 2018년은 당초예산액.
자료:행정안전부(2018b: 113).

〈표 28-2〉 자치단체별, 회계별 지방채 현황(2016년 12월 말 기준)

(단위 : 억 원)

구분	합계	일반회계	기타 특별회계	공기업특별회계	기금
합계	263,399 (100%)	73,161 (27.8%)	81,748 (31.0%)	108,400 (41.1%)	90 (0.1%)
서울특별시	56,967	5,200	51,767	0	0
부산광역시	26,457	13,745	8,848	3,859	5
대구광역시	16,659	9,105	5,804	1,750	0
인천광역시	29,173	8,868	10,802	9,504	0
광주광역시	9,835	4,579	0	5,256	0
대전광역시	6,681	1,830	0	4,849	3
울산광역시	5,514	53	0	5,456	5
세종특별자치시	741	0	0	741	0
경기도	34,929	5,665	469	28,795	0
강원도	12,594	6,928	235	5,431	0
충청북도	7,284	1,266	374	5,644	0
충청남도	9,183	2,167	1,035	5,981	0
전라북도	9,335	3,005	512	5,818	0
전라남도	11,172	2,414	936	7,805	17
경상북도	12,769	4,765	487	7,458	60
경상남도	9,179	2,456	412	6,312	0
제주특별자치도	4,926	1,116	67	3,743	0

주) 시도별 현황 = 시도 본청 + 시군구, 채무부담행위액 및 보증채무이행책임액은 제외.
자료:행정안전부(2018b: 113).

What Is Local Autonomy?

지방자치란 무엇인가?

참고 문헌

경인일보, 2010.10.20., "안양시 인시에 대한 시정 요구"
경인일보, 2019.01.17., "작년에 낸 지방세만 667억"
국민일보, 2011.10.20., "특별교부세와 정권 교체"
권형신 외, 1998, 「한국의 지방재정」, 서울: 도서출판 해냄.
김영수, 1994, 「지방자치단체 간 분쟁 조정 방안」, 한국지방행정연구원.
김학로, 1994, 「지방행정의 이론과 실제」, 서울: 박영사.
김홍대, 1999, 「지방자치입법론」, 서울: 박영사.
김흥식, 1993, 「지역이기주의 극복을 위한 정책연구」, 한국지방행정연구원.
뉴스 핌, 2019.01.23., "야당 원내대표 만난 박원순, 지방일괄이양법 처리 호소"
대한지방행정협회, 1966, 「한국지방행정사」.
머니투데이, 2018.06.08., "외국인의 지방선거권"
법률신문 뉴스, 2017.01.17., "사랑의 교회 공공도로 점용 허가 취소해야"
손봉숙, 1991, 「한국지방자치연구」, 서울: 삼영사.
아시아경제, 2011.09.18., "재산세 공동과세 시행효과(2011년) – 세입격차 9.9 → 2.9배"
안전행정부, 2014, 「2013 안전행정백서」.
연합뉴스, 2004.03.22., "성남시, 주민발의 시립병원 조례 상정"
연합뉴스, 2012.03.29., "전국시도지사협의회 – 영유아무상보육 국비사업 전환해야"
연합뉴스, 2014.02.05., "성북구의원 외유비 1천4백만 원 주민감사청구로 환수"
인천일보, 2014.08.19., "교부세 산정 방식의 문제점"
장지호, 1992, 「지방행정론」, 서울: 대왕사.
정일섭, 2001, "주민자치센터에 관한 연구", 「한국지방자치학회보」, 제13권 4호.
정세욱, 2001, 「지방자치학」, 서울: 법문사.
조선일보, 2003.10.09., "[슈워제네거 당선] 유권자가 무능한 주지사 버린 선거혁명"
조선일보, 2012.02.27. "물가 안정 무심한 지자체 예산 지원 삭감 추진
조선일보, 2012.06.07., "노동계 주도 주민소환선거서 이긴 美주지사(위스콘신)"
조선일보, 2012.12.04., "경남 하동도 채무 '0' 선언… 빚 전쟁 끝낸 지자체, 3년 만에 6곳"

조선일보, 2013.06.21., "나주 · 함평, 산업단지 편법조성… 감사원, 지자체장 등 6명 고발"

조선일보, 2014.07.28., "지자체별 주민세"

조선일보, 2014.11.11., "파산 졸업했지만…갈길 먼 디트로이트"

조선일보, 2015.01.26., "박 대통령 "지방교부세 · 지방교육재정교부금 개혁 필요""

조선일보, 2018.06.28., "첫아이도 500만원, 산후조리 지원, 10만원 마더박스… 임산부가 지하철 타면 핑크라이트가 반짝반짝…"

조선일보, 2019.02.03., "일단 뿌리고 보자… '현금복지 중독'"

중앙선거관리위원회, 1973, 「대한민국선거사」.

──, 1991, 「구 · 시 · 군의회의원당선자명부」.

──, 1991, 「시 · 도의회의원당선자명부」.

──, 1995, 「제1회 전국동시지방선거 당선자명부」.

──, 1998, 「제2회 전국동시지방선거당선자 명부」.

──, 2002, 「제3회 전국동시지방선거당선자 명부」.

──, 2006, 「제4회 전국동시지방선거총람」.

──, 2010, 「제5회 전국동시지방선거총람」.

──, 2014, 「제6회 전국동시지방선거총람」.

중앙일보, 2005. 05.04., "이천에 광역소각장 건립"

중앙일보, 2010.04.06., "특별교부금의 배정 실태"

중앙일보, 2012.01.12., "서울시의 새 인사 제도 발표"

중앙일보, 2012.05.03., "벽제 승화원 부대시설 운영권, 고양시민 품으로(서울시-고양시)"

중앙일보, 2012.05.30., "시 승격 달갑잖다 … 여주읍 주민들 왜"

중앙일보, 2013.06.14., "복지부 "경남도, 진주의료원 폐원 재의하라""

중앙일보, 2013.06.28., "교육과학기술부의 경기도 교육감에 대한 직무이행명령"

중앙일보, 2013.09.11., "섬진 강 살릴 대책 정부가 제시하라"

중앙일보, 2013.12.17., "목동 알짜 땅, 시 · 양천구 15년 싸움(서울시-양천구)"

중앙일보, 2014.07.11., "남양동 → 읍으로 전환 주민들은 "만만세" 왜"
중앙일보, 2014.09.01., "백인 동네에 흑인 이사 못 오게... 미국 '교묘한 차별'"
중앙일보, 2014.11.11., "경기도, 골프장서 거둔 세금만 2,749억"
최창호, 2001, 「지방자치학」, 서울: 삼영사.
한국지방행정연구원, 1999, 「지방자치·행정 50년사」.
한겨레21, 2003.04.10., "특별교부세의 문제점", pp.34-36.
한겨레신문, 2002.09.09, "지방자치단체의 고유사무에 대해서까지 국정감사"
행정안전부, 2018a, 「2017 행정안전백서」.
행정안전부, 2018b, 「2018년도 지방자치단체 통합재정개요(상)」.
행정안전부, 2018c, "우리 마을 바꾸는 주민자치회 확산된다", 「참고자료」, 2018.12.18.
행정안전부, 2019, "주민자치회 시범실시 및 설치, 운영에 관한 표준조례 개정안"
행정자치부, 1999, 「읍면동사무소 기능전환 기본계획」, 1999.02.05.
행정자치부, 2000, 「주민자치센터설치 및 운영조례 준칙」(행정자치부 자제 13101-21, 2000.01.11).
행정자치부, 2002, 「1.2단계 읍면동 기능전환 보완지침」.
Adrian, Charles R. & Michael R. Fine, 1991, *State & Local Politics*, Chicago: Nelson-Hall Inc.
加藤勝美, 1979, "胎動する廣域行政",「地方制度の構造と實態」, 東京: きょせい.
星野光南, 1982,「地方自治論」, 東京: きょうせい.
http://www.slc.or.kr/design/contents.asp?code=141111&lang=kor&left=6&sleft=8, 2015.02.05.)

MEMO

WHAT IS LOCAL AUTONOMY?

지방자치란 무엇인가?

찾아보기

[ㄱ]

간접민주제 · · · · · · · · · · · · · · · · · · 85
경제성 · 12
계층 · 47
고유권설 · 35
고유사무 · 63
공직선거법 · · · · · · · · · · · · · · 28, 32
광역자치단체 · · · · · · · · · · · · · · · · 48
교부금 · 172
교부세율 · · · · · · · · · · · · · · · · · · · 166
구역 · 53
구역 확장 · · · · · · · · · · · · · · · · · · 116
국가사무 · · · · · · · · · · · · · · · · 57, 59
국가재정 · · · · · · · · · · · · · · · · · · · 136
국고교부금 · · · · · · · · · · · · · · · · · 172
국고보조금 · · · · · · · · · 161, 172, 174
국민 · 31
국민자치 · 10
국민 주권 · · · · · · · · · · · · · · · · · 9, 11
군자치제 · 25
규모의 경제 · · · · · · · · · · · · · · · · · 12
기관분립형 · · · · · · · · · · · · · · 43, 44
기관위임사무 · · · · · · · · · · · · 63, 66
기관통합형 · · · · · · · · · · · · · · 43, 44
기초자치단체 · · · · · · · · · · · · · · · · 48

[ㄴ]

내각책임제 · · · · · · · · · · · · · · · · · · 43

[ㄷ]

다층제 · · · · · · · · · · · · · · · · · · 47, 48
단체위임사무 · · · · · · · · · · · · 63, 65
단층제 · · · · · · · · · · · · · · · · · · 47, 48
대통령 중심제 · · · · · · · · · · · · · · · 43
동반자적 관계 · · · · · · · · · · · · · · 125

[ㅁ]

목표달성도 · · · · · · · · · · · · · · · · · · 13
민주성 · 12

[ㅂ]

법정수임사무 · · · · · · · · · · · · · · · · 72
법정수탁사무 · · · · · · · · · · · · · · · · 74
보충성의 원칙 · · · · · · · · · · · · · · · 57
보통교부세 · · · · · · · · · · · · · · · · · 162
보통지방자치단체 · · · · · · · · · · · · 39
부동산교부세 · · · · · · · · · · · · · · · 164

[ㅅ]

사무배분 · 57
사무위탁 · · · · · · · · · · · · · · · · · · · 112
서울특별시에 대한 특례 · · · · · · · · 81
세외수입 · · · · · · · · · · · · · · 153, 155
세종특별자치시 · · · · · · · · · · · · · · 29
세종특별자치시와 제주특별자치도에
대한 특례 · · · · · · · · · · · · · · · · · · · 81
소방안전교부세 · · · · · · · · · · · · · 164

수직적 상하 관계	125	전국시도지사협의회	115
수직적 재정 조정	158	전래설	35
수평적 재정 조정	159	절충형	43, 44
시·군 조정교부금	175, 177	제1회 동시지방선거	27
시·군 통합	116	제3공화국「헌법」	25
시·도비 보조금	175, 178	제4공화국「헌법」	26
시·읍·면의회 의원선거	24	제도적 보장설	35
		제주특별자치도	29
[ㅇ]		조례의 제정 및 개폐 청구	88
외국인의 선거권	32	주민	31
위임사무	63	주민감사청구	90
의결기관	39	주민소송	91
인구 50만 이상 도시에 대한 특례	79	주민소환	93
인구 100만 이상의 시에 대한 특례	82	주민소환투표	93
		주민총회형	45
[ㅈ]		주민투표	27, 86
자체수입	139	중간자치단체	48
자치	9	중앙통제	126
자치계획권	38	중층제	47
자치구에 대한 특례	77	지방	9
자치구 조정교부금	175, 176	지방공공단체	40
자치권	35	지방교부세	161, 171
자치사무	57, 63	지방비	174
자치사법권	38	지방세	143
자치입법권	36	지방세 수입	139
자치재정권	37	지방세원	146
자치조직권	36	지방의회의원선거법	27
자치행정권	37	지방일괄이양법	74

지방자치 · · · · · · · · · · · · · · · · · · · 9
지방자치단체 · · · · · · · · · · · · 39, 43
지방자치단체조합 · · · · · · · · · · · · 114
지방자치단체 중앙조정위원회 · · · · 122
지방자치법 · · · · · · · · · · · · · · · · · 23
지방자치에 관한 임시조치법 · · · · · 25
지방자치의 3 요소 · · · · · · · · · · · · 15
지방재정 · · · · · · · · · · · · · 135, 136
지방재정력 · · · · · · · · · · · · · · · · 139
지방재정자립도 · · · · · · · · · · · · · 139
지방재정조정제도 · · · · · · · · · · · · 157
지방채 · · · · · · · · · · · · · · · · · · · 181
지위 흡수 · · · · · · · · · · · · · · · · · 116
직접민주제 · · · · · · · · · · · · · · · · · 85
집행기관 · · · · · · · · · · · · · · · · · · 39

[ㅊ]
청원 · 93

[ㅌ]
특별교부금 · · · · · · · · · · · · · · · · 169
특별교부세 · · · · · · · · · 163, 168, 170
특별자치도 · · · · · · · · · · · · · · · · · 29
특별자치시 · · · · · · · · · · · · · · · · · 29
특별지방자치단체 · · · · · · · · · · 39, 40

[ㅎ]
행정협의조정위원회 · · · · · · · 133, 134
행정협의회 · · · · · · · · · · · · · · · · 112
헌법재판소 · · · · · · · · · · · · · · · · 124
협의의 국고보조금 · · · · · · · · · · · 172
협의체 · · · · · · · · · · · · · · · · · · · 115
환경분쟁조정위원회 · · · · · · · · · · 124
효과성 · · · · · · · · · · · · · · · · · · · 13

5 · 16 군사 쿠데타 · · · · · · · · · · · 25

MEMO

WHAT IS LOCAL AUTONOMY?

-
-
-

지방자치란 무엇인가?

저자 소개

지방자치란 무엇인가

저자 소개

정일섭(鄭一燮)

■ 약력

- 인하대학교 행정학과 졸업
- 서울대학교 행정대학원 졸업
- 행정학박사
- 인천광역시 인사위원회 위원(1999~2003, 2012~2015)
- 인천광역시 공직자윤리위원회 위원(2005~2007)
- 인천광역시 영흥화전 민관공동조사단위원(1999~2018 현재) 및 단장(2005~2011)
- 요코하마시립대학 객원교수(2003)
- 지방자치발전위원회 자문위원(2013~2015)
- 인천광역시 주민투표청구심의회 위원(2004~2017)
- 행정자치부 지방행정혁신평가위원(2005, 2006)
- 인천참여자치연대 공동대표(2004~2006)
- 인천환경운동연합 공동대표(2011~2015)
- 인하대학교 사회과학대학장(2015~2017)

· 현재 인하대학교 행정학과 교수(지방자치론, 인사행정론)

■ 저서
· 『인천지역의 이해』(1999), 인하대학교출판부
· 『지방의회의 이해』(2008), 박영사(공저)
· 『지방자치의 이해』(2010), 대영문화사
· 『지방자치사례연구』(2012), 대영문화사
· 『한국지방자치론』(2015), 대영문화사
· 『한국인사행정론』(2018), 윤성사

■ 주요 논문
· "지방자치와 시민운동",『한국지방자치학회보』, 1999.09. 제11권 제3호.
· "지방자치단체의 환경협정",『한국행정학보』, 2001.11. 제34권 제3호.
· "주민자치센터에 대한 연구",『한국지방자치학회보』, 2001.12. 제13권 제4호.
· "인사청문회제도에 대한 연구",『한국지방자치학회보』, 2003.09. 제15권 제3호.
· "주민투표제도에 대한 연구",『한국지방자치학회보』, 2006.12. 제18권 제4호.
· "주민소환제도에 대한 평가",『한국지방자치학회보』, 2009.03. 제21권 제1호.
· "지방자치와 관련된 용어에 대한 연구",『한국정책과학학회보』, 2009.09. 제4권 제2호.
· "지방의회 사무직원의 인사권 개선에 관한 연구",『한국정책연구』, 2011.12. 제11권 제3호.
· "주민투표에 곤한 사례연구",『정책개발연구』, 2015.12. 제15권 제2호.

MEMO